SHODENSHA
SHINSHO

梅干と日本刀

——日本人の活力と企画力の秘密

清之

祥伝社新書

本書は、昭和五十年に小社ノン・ブック版で、昭和六十年に小社ノン・ポシェット版で刊行されたものを新書化したものです。

まえがき

私らが、好むと否《いな》とにかかわらず、私らが日本人であることには変わりがない。そのためにも、私らが日本人とは何か、ということを知ることは、義務だとか権利だとかということのもっと前の、基礎的な教養だと言ってよい。それだのに、多くの日本人は、自分自身をあまりにも知らなさすぎる。ときには、その能力を過大評価したり、あるいは過小評価したりして、日本人の虚像を信じて疑わない。とくに、この約三十年、虚構な劣等感を抱きすぎてきたのではないか、そして、それが今日でも日本人の不幸につながってはいないだろうか、ということを考えて、前著『梅干と日本刀』を出した。

私の浅学のため、記憶ちがいや誤りもあったのを教えてくださった方も多いし、また、激励してくださった方はいっそう多かった。私は、目的論的にならないように、実証資料をもとに、ただ事実を書いたつもりだったが、その事実自体が新鮮な知識と思われるほど、今の日本人には、日本人への理解が浅いのを知って、今更《いまさら》のように驚いた。そこで、まだまだ言い足りない事実が多いので、その続編として本書を出すことにした。それでもできてみると、いまだもって指摘しなければならない問題が残っていることに気づいたが、これは将来、また機会を得て発表したいと思っている。

結局、日本人は複雑な性格や思考法や能力を持っている民族だ。多面的、重層的であるのは生活環境と民族成立の人類学的条件と、その歴史的体験の結果だが、全世界の各民族にくらべて、じつに優秀で、すぐれた生活力と事態対応の知恵を持っていると、私は固く信じて疑わない。たしかに欠点も多い。しかし、それを自虐的にあげつらってだけいても私らは幸せにならない。美点も知って、まず自信を持つことが、すべてに先行する幸福への道だと信じている。本書もまた前著同様、細川人勢《ほそかわひとせ》氏の助力を得たことを銘記したい。

樋口清之《ひぐちきよゆき》

目次

まえがき　3

1章　東京も顔負け！　江戸の驚異的な〝都市計画〟　13
——あらゆる災害に備えて造られた江戸の街

■津波のエネルギーから街を護《まも》った堀川《ほりかわ》の知恵　14
■家康《いえやす》の綿密な計画で造られた江戸　16
■なぜ東京の地理はわかりにくいのか　19
■江戸の道路は螺旋《らせん》状に造られた　20
■東京繁栄の素地《そじ》は江戸時代からあった　23
■海、平野、川……世界の大都市の条件にピッタリ　25
■渋谷《しぶや》の中心街は〝山の手〟とはいわない　27
■城の役割を果たした増上寺《ぞうじょうじ》と寛永寺《かんえいじ》　30
■完璧ともいえる五街道の守り　32

■なぜ甲州街道《こうしゅうかいどう》だけが直線道路なのか　34
■神田の山を崩して丸の内を埋め立てた　37
■江戸前《えどまえ》とは皇居前の蒲焼《かばや》きのこと　39
■水路、防火、防災……多目的に造られた江戸の運河　41
■人口集中を支えた驚くべき計画性　44
■なんと、地下水道の長さは約六・五キロ　47
■サイフォンの原理で、水は江戸城内に達していた　49
■庶民の避難場所でもあった大名屋敷　51
■防火帯として銀杏《いちょう》や青桐《あおぎり》を植えた庶民の知恵　53
■鯨船《くじらぶね》という避難用の千石船《せんごくぶね》も常備されていた　55
■「江戸は世界一美しい都市」という宣教師の記録　56
■〝いろは四十八組〟にみる消防制度の計画性　59
■江戸っ子が「宵越《よいご》しの金を持たない」理由　60
■一割以上の人口を失った明暦《めいれき》大火　63
■救米《すくいまい》を蓄《たくわ》えた浅草《あさくさ》の〝お救《すく》い小屋〟　65
■元禄《げんろく》時代、すでに江戸の人口は世界一だった　66

■なぜ、三代住むと江戸っ子になれたのか　69
■江戸時代は完全な女尊男卑《じょそんだんぴ》の社会　71
■遠山金四郎《とおやまきんしろう》は、知事、警視総監、裁判所長の三役　75
■ついに江戸では一度も暴動がなかった　77

2章　日本は、江戸時代から〝世界一の教育国〟　81

——農民は字が読めなかったと考えるのは大間違い

■江戸時代のほとんどの農民は字が読めた　82
■生活のために読み書きは必要だった　84
■日本の教育制度は奈良時代からあった　87
■昌平黌《しょうへいこう》の試験に三度落ちると家督《かとく》を継げなかった　89
■藩校二五〇、寺子屋《てらこや》は一万以上あった　91
■寺子屋の教育法はスキンシップ方式　93
■高度な教育によって庶民は自立していた　95
■「個性の開発」ということでは、現代より優《すぐ》れていた　98
■寺子屋の月謝は二千五百円くらい　100

■技術的には、江戸時代の刀のほうが古刀より良い 102
■すぐれた体験教育法だった徒弟制度 104
■僧侶の生涯教育であった禅問答《ぜんもんどう》 107
■お茶や生花《いけばな》は、花嫁修業ではなく社会教育だった 109
■生きるための礼法を教えた小笠原流《おがさわら》 113
■江戸時代の躾《しつけ》は小笠原流が基本 115
■瓦 版《かわらばん》を新聞の元祖とするのは間違い 118
■江戸時代の文化水準を証明する瓦版と貸本屋 120
■矢立《やたて》はすぐれた携帯《けいたい》用筆記用具 123

3章 意外！ 日本は古来〝ヨコ社会〟が土台だ 125
――タテ割り社会を、ヨコ割りの上に重ねた日本の社会

■封建的《ほうけん》とは、悪いことの同義語なのか 126
■「士農工商」はヨコ割り社会をあらわす言葉 128
■武士は名目上の支配者にすぎなかった 131
■五人組《ごにんぐみ》制度は、戦争中の隣 組《となりぐみ》制度と同じではない 133

■日本には、共同体を支配する共同体は存在しない　136
■五人組は農民の相互救済制度　138
■なにが裏長屋の人情を育てたのか　139
■親殺し、主《しゅう》殺しの刑は重かった　141
■孔子《こうし》の儒教《じゅきょう》は、中国と日本では理解が違う　143
■「忠」を引っくり返して「心中《しんじゅう》」とした近松《ちかまつ》　145
■魂の再生産のために酒を飲んだ　149
■「一杯やる」と、仲良くなれる日本人　151
■おかずを隣りの家に分けるという、美しい日本の風習の精神　154
■西洋人には理解できない〝お流れ頂戴《ちょうだい》〟　156
■日本の企業は家族意識を基盤としている　159
■「だまされるほうが悪い」という言葉は日本にはない　162
■なぜ、区切りで〝そば〟を食べるのか　165
■床屋《とこや》、銭湯《せんとう》は豊かなスキンシップの場所　168
■「芝居を見る」のは神や仏への感謝の気持ちから　170
■共済《きょうさい》意識が生んだ無尽講《むじんこう》の知恵　171

■江戸時代の〝講《こう》〟は相互信頼に立脚していた　174
■無銭旅行者の巡礼を迎える日本人のやさしさ　177
■「私をお笑いください」という刑の持つ意味は？　180
■「同じ釜《かま》の飯を食う」のが最高の友人　182

4章　日本の文化は、柔軟な〝建増《たてま》し〟構造　185

——あらゆるものを貪欲《どんよく》に呑み込んだ日本の重層社会

■雁《がん》もどきはコロッケをヒントに作られた　186
■竹輪《ちくわ》のことをもともと蒲鉾《かまぼこ》といった　189
■日本の風土が生んだ貪欲《どんよく》の知恵　191
■米を「炊《た》く」のは日本人だけ　193
■江戸時代すでに、米を九六種類も品種改良した　196
■きびしい年貢《ねんぐ》が農業技術を進歩させた　199
■〝建増《たてま》し構造〟とは、日本人の強さをあらわす　201
■日本の味とは醤油《しょうゆ》の味である　204
■なぜ関東の醤油は味が濃いのか　206

■日本人の無頓着《むとんちゃく》さがスキヤキを生んだ　208
■ソースと醬油の決定的な相違　211
■日本の料理法は長い経験を必要とする　214
■日本料理の神髄《しんずい》は自然と親しむこと　217
■床《ゆか》を道路の延長とみる西洋の家屋　220
■奈良時代、すでにできたレンガを、なぜ棄《す》てたか　223
■湿気の多い日本に適した木と紙の家　226
■ヴェルサイユ宮殿と伊勢《いせ》神宮の違いは？　229
■権力の象徴・東照宮《とうしょうぐう》、精神の象徴・桂離宮《かつらりきゅう》　231
■「日本建築には一貫性がない」は皮相《ひそう》な見方　234
■なぜ高松塚《たかまつづか》古墳には仏教色がないのか　236
■開かれた宗教観を持つ日本人　238
■「神前結婚、仏式埋葬」は矛盾《むじゅん》ではない　240
■なぜ江戸っ子は祭りが好きなのか　242
■連帯を確認した三大祭り　244
■幕末まで、江戸で一揆《いっき》がなかったのは？　247

■宗教人口が人口の一・五倍という不思議　249
■日本の宗教に共通する〝先祖《せんぞ》供養《くよう》〟　252
■柔軟な精神構造こそ大切なもの　254

1章　東京も顔負け！　江戸の驚異的な〝都市計画〟

――あらゆる災害に備えて造られた江戸の街

津波のエネルギーから街を護《まも》った堀川《ほりかわ》の知恵

現在の東京湾の防潮堤は、平均海水面から、だいたい四メートル。江戸時代に造られた防潮堤より、ほぼ三メートル高くなっている。

しかし、仮に震源地を相模《さがみ》湾沖あたりに持つ関東大震災クラスの地震が起こり、東京湾に津波が押し寄せてきたとしたら、果たしてこれだけの堤防で防げるだろうか。とてつもない津波のエネルギーは、高潮《たかしお》として東京を襲うことだろう。そのエネルギーを支えるのは、現在では堤防だけである。

ところが江戸時代には、その巨大なエネルギーを吸収し、拡散させるもうひとつのすべを持っていたのである。

江戸市内のいたるところに流れていた、さまざまの名を持つ堀川《ほりかわ》がそれである。堀川が潮の勢いを吸いとっていたのである。

たとえば、高潮が東京を襲ったら、江東《こうとう》区や葛飾《かつしか》区の下町はもとより、銀座《ぎんざ》や有楽《ゆうらく》町《ちょう》、新橋《しんばし》は、塩分を含んだ海水にほぼ浸《ひた》されてしまうはずである。

日本の住宅のほとんどは、木造である。家にかぎらず家具や調度も木製のものが多い。

木造舟の寿命が短いように、木は塩水に極端に弱い。高潮による海水が、そのまま何日も何十日も街にとどまっていたら、住宅街は壊滅的な打撃を受けることだろう。高潮の恐怖は、その強烈な破壊力もさることながら、海水が長く地面をおおってしまうことにある。この恐怖は、湿気が多く、寒暖の激しい気候に対応するため、木造家屋を選んだ日本人の宿命でもある。

江戸時代の東京、つまり江戸も、この宿命と常に闘ってきた。

そして彼らが選んだ知恵が、江戸市内に堀川を縦横《じゅうおう》に張りめぐらすことであった。

例を三十間堀《さんじっけんぼり》にとってみよう。

三十間堀は、現在の築地《つきじ》の勝鬨橋《かちどきばし》付近から歌舞伎座《かぶきざ》あたりを流れる運河であった。運河というかぎりは、もちろん人工のものである。この堀川は、木場《きば》から竹や木材を運んでくるための水路であり、猪牙舟《ちょきぶね》で人を運ぶと同時に、もうひとつ大きな役割を持っていた。押し寄せる高潮のエネルギーを引き受けるクッションであり、また持ち込まれた海水を、すみやかに海に流すための、海水の退路でもあったのである。

高潮が銀座方面を襲ったとき、三十間堀は、その高潮のエネルギーを潮が引くように吸収し、拡散させ、さらに高潮が去ったのち海水を海に返したのであった。

これによって塩水が長く街にとどまることを防いだのであった。堀川の知恵は、日本人の自然に対する順応の知恵の、すぐれた例でもある。

この三十間堀は、第二次世界大戦後、交通の便とか、あるいは土地の不足から埋められてしまった。同じような目的を持っていた、八丁堀《はっちょうぼり》なども同様である。

そのかわりに東京都は、堤防を高くしたのである。しかし、その堤防を越えるほどの高潮が東京を襲わない、という保証はない。仮に銀座まで海水が来たら、退路を持たない水が、何日にもわたってそこにとどまることだろう。あらゆるものが腐ってしまうという惨状を呈するかもしれない。

私には、堀川を埋めてしまったことのツケが、必ず来るような気がしてならない。自然の力というものは、計りしれないものである。江戸時代の人々は、それを科学的だと意識こそしないが、きわめてすぐれた科学的思考法をもって生み出した堀川の知恵が、三百年以上の長い間、江戸を水害から護《まも》ってきたのである。

家康《いえやす》の綿密な計画で造られた江戸

西洋科学が万能とされている今日、私は、この章で、江戸を中心に江戸時代の人々が、どのような発想で江戸を造り、それがいかなる実《み》を結んできたかを考えてみたいと思う。そこには、右に述べた堀川をはじめとする、多くのすぐれた知恵があったにちがいないのである。

私は歴史学を専攻としている。歴史学とは過去に学び、現在にそれを生かすための学問でもある。

「明治の人はすごかったんだなあ、あのわずかな期間に東洋の後進国日本を、世界の一流国にしてしまったのだから」という人がいる。

しかし、この考え方は正確だとは言いがたい。明治時代の人ばかりが偉かったのではない。明治以後のすさまじいばかりの近代化のエネルギーやバイタリティは、むしろ明治に先行する江戸時代に、充分に蓄《たくわ》えられていたと考えるべきである。

よく日本人は、行きあたりばったりだとか、計画性がないなどと言われる。その代表選手が江戸っ子で、彼らの調子のよさ、あるいは「宵越《よいご》しの金を持たない」というような気風《きっぷ》がそう思わせるのだろう。

しかし、本当に日本人には計画性がないのだろうか。江戸時代の人々は行きあたりばったりだったのだろうか。

江戸の都市計画について考えてみよう。

一般に、すぐれた都市の条件として、機能性や合理性がいわれる。たとえば、よく区画されていてわかりやすいこと、人間や物資の移動がスムーズに可能であることなどだが、そういう見方からすれば、江戸は、それより以前にできた京都や大坂《おおさか》よりははるかに劣っている。

実際、地方から上京してきて、東京に住む知人を訪ねたことのある人なら、住所をメモした紙切れを持って、途方に暮れた経験があるだろう。東京に住んでいる人でも、道一つ間違えたためにとんでもない所に出てしまったという経験が一再ならずあるはずだ。

これが、東京の全体像を把《つか》むとなると、これはもう雲を把むような話で、イメージのまとめようがない。区画は歪《ゆが》んでいる。道路が複雑ですぐ自動車が渋滞《じゅうたい》する。そのうえ、道路の改修工事をやっていない日はない。とてもではないが、この東京という都市がキチンとした都市計画のもとに造られたなどとは考えにくい。

けれども、東京は確かに計画されて造られた都市なのである。それも、他のどの都市よりも多くの人力が投入され、綿密な都市計画によって造営されたのだ。それを行なったのは徳川《とくがわ》幕府である。

なぜ東京の地理はわかりにくいのか

「夕立ちを四角に逃げる丸《まる》の内《うち》」という川柳《せんりゅう》が江戸時代に作られている。「丸の内」というのは、今日の皇居前広場あたりから、東京駅の八重洲《やえす》口あたりまでをいうのだが、このあたりには江戸時代から直線道路が十字型に交叉《こうさ》する碁盤目《ごばんめ》の町があった。そして、親藩《しんぱん》の中でも、徳川家ととくに親しい諸大名の上屋敷《かみやしき》が整然と並んでいた。

碁盤目の町というのは、京都や大阪では少しも珍しくない。けれども、江戸っ子が川柳にしてひやかすほどだから、江戸市中では大変珍しかったに違いない。直線道路が珍しいということは、江戸市中のほとんどの道路は曲線でできていたということになる。

事実、今日の東京を複雑にしているのはこの曲線道路が多いということなのだが、なぜ家康は江戸市中の道路を曲線道路にしたのだろうか。

それは、家康自身が天下を統一するのに決定的な戦力となった近代兵器、鉄砲に対応するためなのである。弾丸は直線的にしか飛ばない。したがって、道路が曲線でできている都市では、鉄砲は役に立たない。つまり、攻撃しにくい防衛都市を造る、それが江戸都市計画の主目標だったのだ。

ただ、曲線道路で計画された都市はけっして珍しくない。円環道路と放射状道路を組み合わせた都市はヨーロッパにはたくさんある。たとえば、パリがそうである。大正中期の東京市長だった後藤新平《ごとうしんぺい》は、東京を円環道路と放射状道路の都市にすることを提唱しているし、今日の東京都の発想も、その延長線上にある。

だが、江戸城を中心にして直線的な放射状道路を造ったのでは、せっかく曲線道路を造って、鉄砲を役に立たなくしようとする意図がうすれる。だから、江戸都市計画は防衛ということにおいて、さらに積極的だったのである。

江戸の道路は螺旋《らせん》状に造られた

天正《てんしょう》十八年（一五九〇年）八月一日、家康が関八州《かんはっしゅう》（正確には関八州ではないが）四百万石を豊臣秀吉《とよとみひでよし》にもらって、はじめて江戸入りをする。江戸市民が八月一日を八朔《はっさく》（朔とは一日《ついたち》の意味）といってお祝いをするのは、この故事にもちなんだものである。

家康が来る前の江戸城というのは、それより約百三十年前に太田道灌《おおたどうかん》が築《きず》いたものである。それは、もちろん今日のように大きな城ではなかった。当時、日比谷《ひびや》は入江で、丸の内は波にかくれた浅洲《あさす》になっており、その間に半島状に突き出した丘陵があって、そこに旧江戸城があった。江戸という地名は、江（海や湖が陸に入りこんだ部分）の門戸ということで、陸地の先端を意味し、水戸《みと》と同じ語源である。

その半島状の丘陵に本丸、二の丸、三の丸が縦一列に並んで造られていた。

それを家康は、豊臣家が関ヶ原《せきがはら》合戦で敗れるのを待って改修しはじめるのだが、まず西の丸を埋め立てる。ついで西の丸下曲輪《したくるわ》、今日の皇居前広場を埋め立てる。さらに西の丸と西の丸下曲輪のつながったところ、今日の二重橋《にじゅうばし》を入ったところを埋め立てる。ここには昔、弓を練習する的場《まとば》があったので、的場曲輪《くるわ》という。そのつぎは、西の丸を西に回って吹上《ふきあげ》曲輪、北へ回って北曲輪、北から東へ回って帯《おび》曲輪という具合につぎつぎに造成していく。

すると、本丸、二の丸、三の丸、西の丸、西の丸下曲輪、的場曲輪、吹上曲輪、北曲輪、帯曲輪と、九つの曲輪ができ、それを上空から見ると、時計の針と同じ方向に螺旋《らせん》状になって見える。つまり、サザエ状にいちばん下の帯曲輪から本丸に向かって渦《うず》を巻いた形になっている。それが江戸城の城郭としての基本形態である。城郭の形態にはさまざまな形式がある。けれども、大体において、中央に本丸があり、その本丸を取りまいて、タマネギのように二の丸、三の丸とリングになっているものが多い。螺旋型に構築されているのは少ない。螺旋型であるということは、攻撃するところがつねに一カ所しかないということである。しかも曲線だから鉄砲は使いにくい。となると、地震が多くて、煉瓦《れんが》壁を築けない日本の風土を考えれば、これ以上、堅牢《けんろう》な城はちょっと考えにくい。防衛という意味では最高の築城形式ではないか、と私は思う。

そして、江戸の都市計画は、その発想をそのまま生かしていくのである。江戸城の形式をさざえ城という。また街の構造も城を中心にして、曲線道路を螺旋型に延長しながら外へ外へと広げていく。そのうえ、曲線道路と曲線道路の間をちょうどカタツムリのカラのシワのように、小路でつないでいく。だから、けっして十字型に交叉《こうさ》することがなく、つねに少しずつ歪《ゆが》んでいるわけである。

したがって、中央に向かって直線的に走る放状線道路というものを造る必要がない。ただひとつだけ例外がある。のちに述べるが、それは甲州《こうしゅう》街道である。

東京繁栄の素地《そじ》は江戸時代からあった

こうして、螺旋型の曲線道路を造り、その両側に町人住宅や武家住宅を配置していくと、これらの住宅そのものが一種の砦《とりで》になって、外からの見通しが効《き》かなくなってしまう。そして、人口が増加すればするほど、螺旋型の環《かん》は厚くなり、結果として、江戸城の防備が固くなっていく。いうならば、人間が多く住むということによって、江戸城そのものを守らせようという、あまりにも封建的ではあるが、驚嘆すべき知恵が、江戸の都市計画の原点なのである。

いったい、このような発想がどこから生まれたのか。これが、中国や西洋からの影響だとは考えにくい。結局、日本に鉄砲が伝来して以来、幾多の戦いの経験から、鉄砲の弱点を見つけ出し、最後に理想的な防衛都市として実を結んだのが、世界にまれな螺旋型都市・江戸だ、と私は思う。

こうした深い知恵が、都市計画だけでなく、さまざまな面に結集されてあったからこそ、江戸は二六〇年もの間、繁栄を続け、今日の東京に引きつがれたのだといえよう。

ただ、もとはといえば、この発想は江戸城を守るという、将軍家のエゴイズムから端を発したもので、都市としての欠点も多い。それが結果として〝区画が複雑でわかりにくく、方向感覚のない都市〟とか、あるいは〝直線道路が少ないために自動車がスムーズに流れない〟といった今日の都市問題を惹《ひ》き起こしている。

けれども、こうした欠点、たとえば、外部から来た人間にとって、東京がわかりにくいということは反面、人間を定着させる動機になっているのではないかと私は思う。なぜなら、東京は一日でも永く住めば住むほど、だんだん使いやすくなり、心理的な愛着が深まる。さらには複雑であることが、日々の新しい発見につながり、気持ちを停滞させないからだ。これは世界一、複雑な大都市、東京の大きな魅力であり、今日の活力に富んだ都市を造るベースになっているのではないだろうか。

確かに、都市がわかりやすく区画されていること、あるいは、人間やエネルギーの流れがスムーズであることは、近代都市の条件としては大切かもしれない。けれども、もっと大切なことは、都市そのものが停滞しない、死なないということである。そして、すぐれて計画的であるということは、一度、計画したものが永久であるということではなく、どのような変化にも対応していける柔軟性を持つということである。

そういう意味で、東京は実に深く、計画的に造られた都市である。

海、平野、川……世界の大都市の条件にピッタリ

家康が関八州《かんはっしゅう》、四百万石を豊臣秀吉からもらったとき、居城を定める候補地は三つあった。かつて政治の中心地であった鎌倉、それに家康自身が滅ぼした小田原《おだわら》、そして江戸である。この中でいちばん未開発だったのが江戸である。

家康が江戸に入ったときの記録によると、「江戸城の建物は全部、茅葺《かやぶ》きで、畳はむくれ上がり、廊下を歩くとフワフワした」とある。

太田道灌が江戸城を築いてのち、大した修築がなされていなかったとすれば、相当、ひどいものだったのだろう。

城外については『天正日記《てんしょうにっき》』に「町数、縦十二町、横三十四町、ところどころにて定まりなく、家数は焼跡故《ゆえ》に確かならず」とある。また、『岩淵夜話別集《いわぶちやわべっしゅう》』には、当時の江戸について、「東の方、平地の分はどこもかしこも潮入《しおいり》の茅原《かやはら》にて、町屋侍屋敷を十町と割《わ》り付《つく》べき様もなく、偖又《さてまた》、西南の方は平々と萱原武蔵野《かやはらむさしの》へと続き、何処《こ》をしまりというべき様もなし」とある。要するに原野に近かったということだろ

う。だが、家康は江戸を選んだ。

理由は、今日では地図を開いてみればすぐにわかる。小田原は、箱根の山がすぐ後ろに迫っていて後背地《こうはいち》がなく、港も小さい。鎌倉は、場所そのものが狭いうえに、しかも大きな河川がない。

それらと比較すると、江戸はだいたい、関東地方の中心、扇《おうぎ》の要《かなめ》にあたるような場所にあり、しかも、後背地の関東平野は「どこを区切りにしていいかわからない」ほど広い。そのうえ、前には海があり、横には隅田川《すみだがわ》という大きな河がある。

河川が横にあって、海が前にあり、後背地が広いというのは、イギリスのロンドンを例にとってみても明らかだが、世界のどの大都市にも共通することで、結局、大都市の基本的な成立条件なのである。

江戸を選んだということは、そういう大都市についての豊かな知恵を、家康が持っていたということであろう。なおかつ、その時点で、自分が天下を統一し、江戸を大都市として発展させることを計算していたと考えていいだろう。

しかも、家康は、豊臣家が天下を治める太政大臣《だじょう》から六十万石の大名に転落することになった慶長《けいちょう》五年（一六〇〇年）の関ヶ原合戦まで、江戸城の修築に手をつけない。徹底的な修築にかかるのは元和《げんな》元年（一六一五年）、豊臣家が大坂夏の陣によって、完全に滅んでからである。

これには、いろいろな理由が考えられるが、私は、家康が何の障害もなく、安心して理想的な都市計画を実施するためではなかったか、と思う。事実、彼の計画は、それまでの江戸の姿を根本から変えてしまったほど遠大なものだった。

渋谷《しぶや》の中心街は〝山の手〟とはいわない

先述した天正十八年（一五九〇年）に江戸入りした家康は、まず、江戸都市計画の全体像をつくるために、毎日、内藤駿河守《ないとうするがのかみ》という馬の名人を供《とも》に連れて、江戸の調査をはじめたといわれる。

彼の中心テーマは〝難攻不落の都市〟だから、その構想にしたがって、大名、社寺、旗本、町人たちを、どのように配置するか、地割《じわ》りをしていったのである。

まず、品川《しながわ》に始まって山《やま》の手《て》丘陵を何日もかかって視察する。山の手というのは、厳密にいうとローム層丘陵上のことで、品川の丘陵から芝《しば》、麻布《あざぶ》から麴町《こうじまち》、牛込《うしごめ》、そして田端《たばた》に至る丘陵台地のことである。

今日、山手《やまのて》環状線ができたために、山の手とは、五反田《ごたんだ》、目黒《めぐろ》、渋谷《しぶや》といった山手環状線の外側をいうと思っている人があって、ときどき、質問を受ける。山手線は、もとは品川鉄道といって、品川・赤羽《あかばね》間を通っていたものを、のちに環状線にしたものである。それを、山手線と命名したから誤解を生んだのである。たとえば渋谷でいうと、宮益坂《みやますざか》の上で旧江戸府内は終わりで、今日の渋谷の中心街というのは、江戸の府外であった。当時は田舎《いなか》である。

家康が地割りをするのに、もっとも心をくだいたのは五街道周辺である。つまり、江戸への入口である。この五街道は、家康が江戸に来る前からすでに原形はあった。東海道はもちろんだが、甲州街道も、当時は甲州街道といわなかったけれども、武蔵《むさし》の府中《ふちゅう》から下総《しもうさ》の府中《ふちゅう》（現在の千葉県市川《いちかわ》市）へ行く道があった。こうした街道の出入口には広大な土地をとって、有力な大名に押さえさせた。

中仙道《なかせんどう》の板橋《いたばし》には前田《まえだ》家。奥州《おうしゅう》・日光《にっこう》街道の千住《せんじゅ》には水戸《みと》家。甲州街道の新宿には、先述した内藤《ないとう》家。そして東海道の品川は、伊達《だて》と毛利《もうり》家である。

こうして地割りをしていったある日の夕方、今日の甲州街道の出入口の四谷大木戸《よつやおおきど》まで来たとき、家康がお供の内藤駿河守《するがのかみ》に、「今日はこれにて……」続けて「そちは

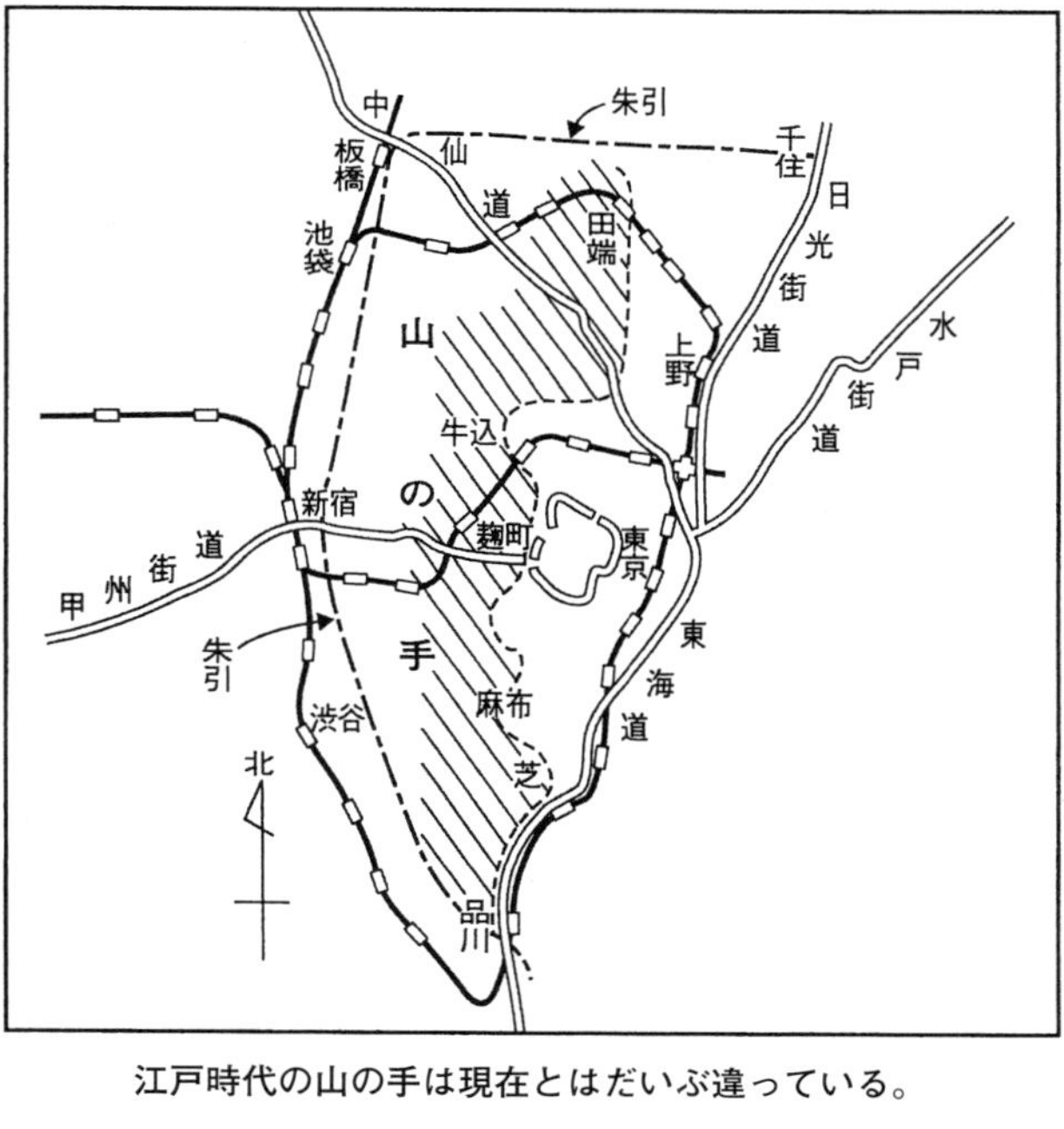

江戸時代の山の手は現在とはだいぶ違っている。

よく働いたから、ついては、その方《ほう》にも好きなだけ土地をとらす」と言った。内藤は馬の名人だから、「しからば、この馬に乗って駈けめぐった範囲をいただきたい」「面《おも》白《しろ》い、望みにまかす」——夢のような話ではあるが、実話である。そこで、内藤駿河守は馬にまたがるや、えらく広い範囲を走った。あまり走りすぎて、馬が倒れて死んでしまった。それで今日の新宿御苑《ぎょえん》のそばに悲運な馬の塚が、現在でも残っている。

内藤駿河守は当時、二万五千石の小大名である。それがあの広大な新宿御苑を下屋敷にしたばかりに、のちにひどく苦労する。塀《へい》を造るだけでも大変な費用がかかったからだ。だが、その結果、明治維新まで、甲州街道の新宿がそこにあり、したがって、新宿御苑の前あたりを内藤新宿といったわけである。

城の役割を果たした増上寺《ぞうじょうじ》と寛永寺《かんえいじ》

街道の出入口に親しい大名の下屋敷を置くことで、家康はまず江戸の町を大名の手で守らせようとした。

ついで神社、仏閣の配置である。

平将門《たいらのまさかど》の首塚が、大手門の前に残っているが、最初、そこには神田明神《かんだみょうじん》があった。江戸城の一番大事な大手門の前に神社があっては困るということから、これをいったん、いま明治大学がある駿河台《するがだい》に移す。けれども、駿河台に大名屋敷を置くことが必要になってくると、もう一度、移転させて今日の湯島《ゆしま》に移すのである。神社、仏閣といえども、江戸城防衛計画のためには、勝手に移していった一例である。

芝《しば》の増上寺《ぞうじょうじ》は、もとは麴町三番町《こうじまちさんばんちょう》にあった。これも、三番町を旗本屋敷にすることが必要になって移転するのである。それを芝に移す。芝は東海道に面しているところである。そこに広大な境内《けいだい》を持った増上寺を置いておく。敵が東海道を攻めて来た場合の防衛線になるからだ。増上寺は当時、所領一万石、関東浄土宗《じょうどしゅう》の総本山で江戸幕府の菩提寺《ぼだいじ》である。

さらに上野《うえの》に寛永寺《かんえい》がある。天台宗《てんだいしゅう》の関東総本山で、だいたい、京都の仁和寺《にんなじ》とか、延暦寺《えんりやくじ》とか年号にちなむ寺は格式が高い。それを上野に置く。上野は、奥州街道と千葉街道の要所で、幕府にとっては、東北からの勢力を防ぐために重要な土地だったのである。

とくに、上野の山は、江戸城と海抜がほぼ同じ高さであり、江戸近辺では、他に大きな山がないということからも、いざというときには有利な戦いの場にできるという発想があった。

増上寺、寛永寺は、ともに江戸城の防衛線として設置したのである。だから、必ず不燃性の壁を塗らせ、屋根に瓦《かわら》を置いて城郭と同じ設備を持たせたのである。

それが役に立ったのが、幕末の〝彰義隊《しょうぎたい》の変《へん》〟のときである。十五代将軍徳川慶喜《とくがわよしのぶ》は、渋沢成一郎《しぶさわせいいちろう》の率《ひき》いる彰義隊約二千名の軍勢に守られて、上野の東叡山《とうえいざん》寛永寺に入っている。

街道の出入口は、信頼のおける大名で防衛させ、さらに社寺までも防衛計画の中に組み入れて配置する。それは一見、無秩序に見えるが、大変な計画性ではないだろうか。

完璧ともいえる五街道の守り

さらに、幕府は五街道の出入口に宿駅《しゅくえき》を置いた。江戸市中と府外の境目の外側、出入口を出たすぐのところに旅館を中心とした宿場《しゅくば》をつくる。東海道でいえば品川の宿、中仙道は板橋の宿、奥州街道と日光街道は途中から合流して、千住《せんじゅ》の宿、甲州街道は少しのちになって内藤新宿。したがって、この宿場と宿場を結んだ内側が昔の江戸だ、と考えればいい。当時は、この境界線を赤い線で地図に示し〝朱引内《しゆびきない》〟〝朱引外《がい》〟といった。

そして、朱引外の宿場をのぞく周辺を、江戸近郊所領といって、社寺、旗本とか各藩の大名に小さな領地を分散して持たせたのである。これは、小さな領地ながらも、そこで野菜とか芋《いも》といったものを作れば、自給自足できるという配慮と同時に、小さいながらも、それぞれの領土だから、勝手に他人が利用するわけにはいかないという、やはり防衛の知恵である。

結局、江戸に入るには、街道を通るより仕方がない。

「桜田門外《さくらだもんがい》の変」とか「坂下門外《さかしたもんがい》の変」といった幕末内乱のころでも、勤皇《きんのう》派、倒幕《とうばく》派の志士たちは、東海道を入って来ない。五街道をはずれて、目黒《めぐろ》街道の大鳥《おおとり》神社に集まり、それから行人坂《ぎようにんざか》を通って江戸入りしている。このルートをとれば、関所がないからである。五街道以外は、木戸《きど》なしで江戸へ入《はい》れたということは、ずいぶん間抜けのように見える。だが、こうした監視制度の大きな目的は江戸の防衛である。五街道以外では、大軍を動かすことができないから、それで十分目的は果たしていたのである。

江戸市中に入ると、そこは先述したように、江戸城を中心とした螺旋《らせん》型の市街地である。

麴町《こうじまち》、赤坂《あかさか》、丸の内の武家住宅地、築地《つきじ》、日本橋《にほんばし》、神田《かんだ》、浅草《あさくさ》の町人住宅地。それを囲んで外城の濠《ほり》が設けてあった。東南の芝口《しばぐち》門からはじまって、幸橋《さいわいばし》門、虎《とら》の門、赤坂《あかさか》門、喰違《くいちがい》門、四谷《よつや》門、市谷《いちがや》門、牛込《うしごめ》門、小石川《こいしかわ》門、筋違《すじかい》門、浅草門の十一門と水道《すいどう》橋、聖《ひじり》橋、昌平《しょうへい》橋の三橋が、外城の濠《ほり》の内外をつなぐ出入口になっていた。この〝門〟の監視所をそれぞれ〝見附《みつけ》〟といったところから、今日の赤坂見附、四谷見附などの地名が残ったのである。

これらが江戸城をとりかこむ、文字どおり鉄壁の防衛線だが、江戸城に突き当たっていた甲州街道と〝夕立ちを四角に逃げる〟といわれた丸の内だけが直線道路であった。では、なぜこれらの、例外があったか。

なぜ甲州街道《こうしゆうかいどう》だけが直線道路なのか

甲州街道が江戸城に突き当たる所は、甲州口御門《こうしゆうぐちごもん》、吹上御門《ふきあげごもん》、俗には半蔵門《はんぞうもん》といわれる所である。この半蔵門の外、今日の英国大使館があるあたりは、番町《ばんちょう》という町である。番町には、一番町から六番町まであり、服部半蔵《はっとりはんぞう》が率《ひき》いている伊賀衆《いがしゅう》二百名が、六つの隊に分かれて住んでいた。それで、俗に半蔵門というのだが、彼らはふだん吹上御庭の御庭番《おにわばん》という名目で、江戸城内の警備に当たっていた。今日の皇宮警察に当たる役目である。しかし、将軍の身に危険がせまって江戸城を出なければならない事態が起こったときには、彼ら伊賀衆が将軍を護衛して、四谷大木戸を抜けて、甲府城へ逃げる仕組みになっていたのである。そのために、甲州街道だけがほぼ直線道路ででき、しかも、江戸城に突き当たるようにできていたわけである。丸の内もまた、最後まで将軍を守ってくれる大名たちを配置しているところを見ると、やはり退路を獲得するためだったといえよう。

もうひとつ直線道路がある。それは護国寺《ごこくじ》（文京区）前から、昔、神田上水の関《せき》があった関口台町《せきぐちだいまち》までの道路である。

これは防衛とは関係がない。五代将軍綱吉《つなよし》に〝生類憐《しょうるいあわれ》みの令《れい》〟を出すように勧《すす》めた有名な綱吉の生母〝於玉《おたま》の方《かた》〟（桂昌院《けいしょういん》）が隆光《りゅうこう》という僧をひじょうに尊敬して、彼に、先に綱吉誕生を祈って、尊敬を集めた亮賢《りょうけん》の造った護国寺を管理させた。於玉の方は京都の出身だから、仕えている奥女中の中には、やはり京都出身が多かった。彼女たちは京都を懐かしんで、京都の名所〝音羽《おとわ》の滝《たき》〟を江戸に造ろうというので、わざわざ池袋《いけぶくろ》の池から水を引いて、人工の滝を造った。それが今日の音羽という地名の由来だが、そのときに、京都の町を真似《まね》て、護国寺を御所《ごしょ》に見立て、そこから朱雀大路《すざくおおじ》に似た直線道路を造ったといわれる。だからこれは、防備とは関係のない遊びといっていいだろう。

於玉の方たちが、京都の整然とした町を懐かしんだということは、江戸が、京都とは似ても似つかぬ町並みであったということでもある。

家康は、いったい、どこの都市を真似て、この完璧な防衛都市江戸を造ったのであろうか。

江戸に来る前に家康がよく見た町は、京都と堺《さかい》である。しかし、京都でも堺でもない江戸を彼は造った。これは、家康が京都や堺の欠点を知りぬいていたということである。そういう意味でも、江戸はひじょうに独創性の高い、注目すべき都市だといえよう。

神田の山を崩して丸の内を埋め立てた

都市というものはいくら防備が固くても、そこが人間が生活するのに都合よくできていなければ、意味がない。まして、江戸は市民の生活自体を防衛の一環として考えたのだから、市民にとって魅力ある都市である必要があった。

市民生活にとって、いちばん恐ろしいのは戦争であり、自然災害である。その意味で、江戸は防衛都市であると同時に、防災都市でもある必要があった。

日本は自然災害の少なくない国である。年中行事のように日本を襲う台風、地震や飢饉《ききん》。こうした自然災害に、日本人がどのように対応してきたかは、前著で述べたが、江戸都市計画にも、これらの知恵が結集している。

先に少し触れたが、家康が来る前の江戸は、今日の日比谷《ひびや》、丸の内までが海だった。

太田道灌時代には、現在の内桜田門《うちさくらだもん》が表門である。この門には、のちまで太田家の家紋である桔梗紋《ききょうもん》が付いているので、俗に桔梗門だといわれているが、その桔梗門の角《すみ》に櫓《やぐら》がある。よく記念写真をとる二重の櫓だが、これを汐見櫓《しおみやぐら》という。当時は、この櫓から潮の干満を見て、船の出し入れの頃合いをはかったといわれるのである。

太田道灌が、寛正《かんしょう》五年（一四六四年）、京都に行って、後花園《ごはなぞの》天皇に答えた有名な歌に、

我庵《わがいほ》は松原つづき海近く　富士の高嶺《たかね》を軒端《のきは》にぞ見る

という歌がある。これによっても、家康が来る前の江戸は、今日の内桜田門のすぐ近くまで海だったことがわかる。

これを、家康はまず西の丸下曲輪《したくるわ》、今日の皇居前広場から丸の内にかけて埋め立てる。浅洲とはいえ、海を埋め立てるのだから、大変な大工事である。家康は、まず、各大名に、千石について二人ないし三人の人夫《にんぷ》を提供させた。彼らを汐見櫓のあたりに小屋を造って住まわせる。そして、土は神田の山を崩した。神田の山はいまの駿河《するが》台《だい》だが、それが国電（現在のＪＲ）の神田駅まで続いていた。その土を取ったため、神田が平地になった。いかに大工事だったか、想像がつくだろう。

江戸前《えどまえ》とは皇居前の蒲焼《かばや》きのこと

人夫たちの食事だが、昼には大きな握り飯を出す。けれども何しろ大量だから、味噌がついているだけ。おかずがない。それに目をつけて、おかずを売る商売が生まれた。現場付近の泥沼でウナギを獲《と》ってくる。それをブツ切りにし、縦に串を通して、焼いて味噌をつけて売る。ブツ切りにして縦に串を通してあるから蒲《がま》の穂《ほ》の形をしている。

それが〝江戸前《えどまえ》の蒲焼《かばや》き〟の発端である。

江戸前とは旧江戸城の前、つまり今日の皇居前広場を指したものである。東京風という意味ではない。埋め立て工事の任期を終えて、日本全国に散らばって帰郷した人夫たちは〝江戸前〟と聞くと江戸をイメージする。その結果〝江戸前〟は〝江戸風〟、今日では〝東京風〟ということになり、ついには鮨《すし》やそばまで〝江戸前〟つまり東京風ということになってしまったのである。

それがのちに〝江戸前ものの魚〟といえば、品川の洲崎《すざき》に立てられた一番棒杭《ぼうぐい》と深《ふか》川《がわ》の洲崎に立てられる松棒杭《まつぼうぐい》を結んだ線から内側の海で獲《と》れた魚を指すことになった。つまり、黒ダイ、白魚、アジ、アナゴ、ウナギ、ボラなど、隅田川の河口付近で獲れた魚が江戸前ものなのである。だが、もとはといえば、皇居前の泥沼に棲《す》んでいたウナギの蒲焼きのことである。

この埋め立て工事は、ついには日本橋浜町《はまちょう》辺から西南一帯、今日の新橋近辺までおよび、三百三十余町（約三百三十ヘクタール）の新開地を生む。

だから、昔、南町奉行所があった、今日では銀座マリオンのあるところ、また、茶人の織田有楽斎《おだうらくさい》の邸宅だった、今日、有楽町《ゆうらくちょう》となっているところ、さらに島津家の上屋敷だった、いまの帝国ホテルの周辺、そしてもちろん、昔、銀貨鋳造《ちゅうぞう》所があった銀座も、すべて海であった。それを埋め立てたのである。

さらに、深川八郎右衛門《ふかがわはちろううえもん》という伊勢《いせ》出身の町人が、家康の命を受けて元和《げんな》元年ごろから深川築地《つきじ》を埋め立てる。深川八郎右衛門は小名木《おなぎ》川という直線の運河を残して、船で土や泥を上総《かずさ》（現在の千葉県）や神田方向から運んで来て埋め立てていく。さらに川底のヘドロをすくいあげて、それを築地につかう。

築地という地名は、新しく土地を築いたことに由来する。

かつて入江だった不忍池《しのばずのいけ》の海側をはじめ、佃島《つくだじま》、永代橋《えいたいばし》周辺、月島《つきしま》、霊岸島《れいがんじま》など、島や新開地がこうして埋め立てによって生まれ、江戸は今日の姿になるのである。

埋め立て方法というのは、技術的にも見るべきものはない。海底に杭を打ち込み、そこへ泥を運んで来て入れる。それだけである。ただ、このために投入された人間のエネルギー量を考えると、それがどんなに遠大な計画だったか想像できるはずである。しかも、これは単に人間の居住地を広げるという目的だけではない。

水路、防火、防災……多目的に造られた江戸の運河

開発のために、現在ではつぎつぎと埋められているが、埋め立て地の中を縦横に走っている堀川は、たいへん重要な意味を持っていたのである。本章の冒頭では、自然災害に対する役割を述べたが、ここでは、もうひとつの水路としての役割について述べてみたい。

江戸市中に人口が増えていくと、道路の整備、防火、防災、それに食糧、飲料水の確保が重要な問題になってくる。

今日では食糧の輸送は鉄道やトラックを使う。けれども、当時は、そんな便利なものはない。いちばん大量の物資を運搬できるのは、水の浮揚《ふよう》力を利用する船である。

先述したように、江戸城の防衛のためには、江戸市中の人口が増加すればするほどいい。だが、問題は、その人口増加に対応するだけの食糧や生活物資を、どうやって生産地から江戸市中に運ぶかである。たとえば仙台から米、三浦半島から魚、そして関西から酒などが江戸に運ばれるわけだが、物資の地上運搬力に限界がある当時としては、たいへんな宿題である。

その答えが堀川である。埋め立てによって堀川を造ることである。少なくとも、彼らが丸の内の埋め立てをはじめるときには、それを計算に入れていた。だから埋め立てていく際に、当初から埋め残し地を造っている。埋め残し地というのは堀である。堀を造ってそこを埋めない。その結果、埋め立て地の中を縦横に堀川が走ることになる。

今日の歌舞伎座の近くに、先述した三十間堀《さんじっけんぼり》という堀があった。これは第二次大戦後に埋められてしまったが、この三十間堀は木場《きば》から竹や木材を運んでくる水路であった。運ばれて来た竹や木材は木挽町《こびき》で引きあげられ、木挽《こびき》たちの手によって製材される。だから木挽町という地名がついたのだが、そんな場末《ばすえ》だから、芝居小屋もできたのである。

さらに日本橋の堀川。これは日本橋という重要な陸上の道路と交叉《こうさ》した堀川である。この日本橋川の河岸《かし》には大根河岸《だいこんがし》、鎧河岸《よろいがし》、兜河岸《かぶとがし》といった、商品名を持った河岸が並んでいる。河岸というのは、港という意味である。つまり、日本橋川は川の岸全部が港だった。大根河岸なら舟で運んで来た野菜をその河岸で陸揚げする。すると、セリ市が立って仲買人が買い取っていく。

こうして、堀川は、江戸市中に食糧や生活物資を供給する動脈としても、重要な機能を果たすのである。

さらに、堀川には猪牙舟《ちょきぶね》という、先のとがった舟が往来していた。今日の水上タクシーである。猪牙舟に乗って、たとえば、新橋から三十間堀を通り、隅田川に出て、日本堤《にほんづつみ》まで行き、そこで降りて吉原《よしわら》の遊廓へ行く。例が悪いが、そういう具合いにも利用された。後になると、舟茶屋《ふなぢゃや》といって、舟を仕立てる茶屋までできて、江戸情緒をつくりあげることにもなる。

こうした人や物資の輸送のほかに、堀川はさらに重要な役割を果たす。

消火方法がまだ未発達だった時代だから、下町を縦横に走る堀川は、そのまま類焼を防ぐ防火帯となり、消火用水の供給源にもなったのである。ただ、災害のとき、橋がないと、避難のさまたげとなって、被害を増した点も忘れてはならない。

人口集中を支えた驚くべき計画性

封建制度は、歴史学の常識としては地方分権制度のはずである。封建時代にひとつの都市が国内の人口の一割近くを集めるということは、世界史上、例がない。江戸がそうした異例の人口集中を行なったというのは、日本の近世封建制が中央集権的という異常なものであったのと、街自体がそれに耐えられるように都市機能を整えていたからだろう。

しかも、見落としてならないのは、それが自然発生的にできたのではなくて、初めから立地条件をよく考えたうえで、プランニングされたということである。私には、日本人に計画性がない、などとは、江戸の街造りを見るかぎりにおいては、とうてい考えられないのである。

都市生活でもっとも重要なのは、飲料水の確保である。

江戸の山の手丘陵は、平均三〇メートル内外のローム層でできており、その他の場所はゼロメートル近いところまで低湿地、沖積層《ちゅうせき》である。だから、低湿地を掘るを掘らなければならない。また、山の手丘陵地を掘ろうとすると、ひじょうに深い井戸を掘らなければならない。江戸は水については、極端に不便なところであった。飲める水というのは、溜池《ためいけ》や池袋、沼袋《ぬまぶくろ》といった宙水《ちゅうみず》（地下に溜《た》まっている水）や伏流水《ふくりゅうすい》の池が、ところどころに点在しているだけだったのである。

池袋、沼袋の袋は、谷の底、谷の隅といった意味で、谷の隅にある池、沼というのが池袋、沼袋の語源である。先述した音羽の滝に水を引いた池袋の池というのは、元の芝浦工大付属高校の裏にある、小さな遊園地の中にわずかに面影《おもかげ》をとどめている。

このように、江戸市中には、世界一の大都市人口を支えうるような水源はなかった。

しかし、都市としての条件を備えるためには、飲料水の確保は絶対条件である。

「はばかりながら、水道の水で産湯《うぶゆ》をつかった江戸っ子だいッ！」

という江戸っ子の有名なタンカがある。江戸時代の滑稽本《こっけいぼん》や膝栗毛《ひざくりげ》の類《たぐ》いには、いやになるほど出てくる台詞《せりふ》だ。これを言われると、相手はだいたい、黙ってしまう仕組みになっている。が、これは裏を返せば、江戸には井戸があっても、産湯にも使えないほど水質が悪かったことを示すものであり、江戸っ子というのが、いかに新しもの好きだったか、ということだろう。

相手が黙ってしまうのは、やはり当時、水道というものが超文化的なもので、その実体をよく知らなかったものが多かったからだと思われる。

けれども、日本の水道でいちばん古いのは、じつは江戸ではない。姫路《ひめじ》である。二番目が高松《たかまつ》で、それから江戸。姫路の場合は、家康の孫娘である千姫《せんひめ》が再婚して来たのがきっかけである。千姫が「水が悪い」というので、本多忠刻《ほんだただとき》はご機嫌をとるために、山の麓《ふもと》から水道を引いた。これは今でも姫路に「千姫化粧の水」として残っている。

高松は栗林《りつりん》公園に水を引くためである。ともに都市生活とは関係がなかったから、世間にはそう知られてはいなかった。民衆生活のものとして水道を引くのは、やはり江戸が最初である。

なんと、地下水道の長さは約六・五キロ

天正十八年七月二日――というから、家康が正式に江戸入りする約一カ月前のことである。家康は大久保忠行《おおくぼただゆき》という老臣を、水源地が確保できるかどうかを調査させるために、江戸に派遣している。飲料水が確保できるかどうかは、江戸都市計画の成否にかかわる問題だからである。

大久保忠行は、早馬を乗りついで江戸入りし、周辺を検分してまわり、井之頭池《いのかしらいけ》を発見する。井之頭池は今日の井の頭公園の池で、大量に湧き出る水が神田川《かんだがわ》となって流れている。この功績によって、大久保忠行は〝主水《もんど》〟という名前をもらった。そして、この井之頭池から江戸に引いた上水道を、小石川上水《こいしかわじょうすい》、または神田上水という。江戸に最初に引かれた上水道である。

この水だけで、当初はまかなえたが、後になって千川《せんかわ》上水を引き、玉川上水を引くことになる。神田上水は、一部を小石川から今日の水戸徳川家の上屋敷であった後楽《こうらく》園《えん》の庭園に落とし、水道橋《すいどうばし》から懸樋《かけひ》、つまり高架にして、神田川を横切り、駿河台から伏樋《ふせひ》にして江戸市中に分配するために四つに分水する。

水道橋という地名は、この懸樋が神田川を橋のように横切っていたことから生まれ

た。なお、関口台町の関の築堤工事を行なったときの人足監督には俳人・松尾芭蕉《まつおばしよう》がいた。ここではじめて、彼の名前が江戸に現われる。彼の庵《いおり》は最初、関口台町にあり、のちに深川万年橋《ふかがわまんねん》に移った。

この事実は、芭蕉が当時、一流の科学知識を持った伊賀《いが》国出身の技術者だったことを示している。当時の日本の科学技術は、自然をよく観察し、熟知することによって創造された。それを身につけた者の一群に伊賀出身の忍者がいるので、その環境に生まれた彼がすぐれた俳人であると同時に、すぐれた科学技術者であったことは、あるいは当然のことといえるかもしれない。

伏樋とは、杉《すぎ》や檜《ひのき》の生木《なまき》をくりぬいたパイプ状のものか、杉や檜材を組み立てて箱型にしたものである。いずれにしても、この樋の長さだけで三六四五間（約六・五キロ）。このパイプから水をとって溜める桝《ます》（井戸）が三六六三カ所というから、大工事であったにちがいない。

こうして神田上水が完成する。しかし、もともとの水量が少ないうえに、途中にできた大名屋敷が、その水を庭園などに取るから、すぐに不足してしまった。

サイフォンの原理で、水は江戸城内に達していた

そこで承応《じょうおう》元年（一六五二年）、農民だった玉川庄右衛門《たまがわしょうえもん》と清右衛門《せいえもん》兄弟が中心になって、有名な玉川上水を測量して、二年がかりで完成する。

これは全長四三キロ、四谷大木戸まで流し、そこから伏樋で江戸市内に給水した。そして、要所要所に設けた桝《ます》に配水して使用できるようにした。これで江戸の市中の飲料水が確保され、水の便が悪いという、江戸の唯一の欠点が補《おぎな》われたのである。

のちに千川《せんかわ》上水という、江戸の三上水の最後のひとつが造られるが、これは玉川上水を今日の保谷《ほうや》市のところで分水したものである。

さらに、青山《あおやま》上水、利根川《とねがわ》の水を引いて本所深川《ほんじょふかがわ》に給水した亀有《かめあり》上水と、人口増加にともなって上水道は増設されていく。

にもかかわらず、水屋という商売もあった。

「隅田川の水は真ん中がきれいだ」といって、桶の水のまわりに杉の葉を立て、小さな氷を浮かせて「冷や水やァ、冷や水やァ」と夏に売りに来る。どんぶり一杯が一文、約十七円である。

何しろ、隅田川の水だから、それほど清潔なわけはないので、これを飲むと、若い

者はともかく、体の抵抗力が弱った年寄りは中毒を起こす。多分、大腸菌が入っていたのだろう。

「年寄りの冷や水」ということわざは、この隅田川の水売りが起源である。

この飲料水の確保に、実に防衛都市らしい知恵が発揮されたのが、サイフォン式である。

今日の吹上御庭《ふきあげ》がある場所は、江戸城時代には吹上曲輪《くるわ》という庭園だった。この〝吹上〟という名称は、文字どおり、そこに水が吹き上げるように湧いていたからである。江戸城は海に近いから、地下水が湧いていたわけではなく、これは水道の水を引いたものだった。

その水源は神田上水である。それを城内に引くわけだが、濠の上を渡したのでは、攻められたときにはすぐ破壊されるし、水の供給を断たれたことが敵にすぐわかる。

そこで、彼らは、伏樋を濠の下に埋め込んで城内に水を引くのである。

日本人は、サイフォンの原理を早くから知っていた。飛鳥《あすか》時代（七世紀ごろ）にはすでに、この原理を利用して、飛鳥《あすか》寺の西に噴水を造っていたことが『続日本紀《しょくにほんぎ》』の、持統《じとう》天皇の条に記録されている。

だから、原理そのものはけっして珍しいものではなかったかもしれない。けれども、それを江戸城の場合、防衛という側面から発想して、噴水から飲料水の確保へと発想転換していく。これも形を変えた一種の独創性ではないかと思う。

庶民の避難場所でもあった大名屋敷

「火事と喧嘩《けんか》は江戸の華《はな》」という言葉がある。

江戸時代の歴史を見ると、確かに火事が多い。とにかく寛永《かんえい》年間（一六二四～四四年）、参覲交代《さんきんこうたい》がはじまって、江戸の人口が急増し、当時のニューヨークの二〇倍にも達した頃から、大火が増えはじめる。

だが、この事実だけで、江戸の都市計画が防火対策において大きな欠陥があった、とするのはどうか。

当時の家屋がすべて木造であったこと、上水道があるといっても、水圧のない水道で、今日のような放水消火ができなかったことを考えると、今日、消火施設の発達によって、枕を高くして寝られる私たちの時代の有難《ありがた》さを思うべきではないか、と私は考える。

ここで大切なことは、消火と防火は違うということである。江戸時代は、確かに消火技術においては、今日と比較にならないほど、劣ってはいる。だが、防火対策という意味では、むしろ今日より、江戸都市計画のほうが勝《まさ》っているかもしれない。

先述した堀川という防火帯も、そのひとつである。

さらに、防衛のために分散して配置された大名屋敷は、同時に火除《ひよけ》地の意味もあった。

大名はだいたい、江戸に上、中、下という三つの屋敷を持っていた。普通は下屋敷に私邸があって、上屋敷というのは一種の公邸であったが、当人がどこに住むかは自由である。分散されているのはだいたい、中、下屋敷だが、これらは広大な地面を占めているから、内部はほとんど木を植えた庭園になっている。

やがて人口の増加とともに、町人がその屋敷のまわりに住みはじめる。すると、屋敷と町人住宅地の関係は、ちょうど、今日の住宅地と公園のような関係になってくる。言い換えると、住宅地の中に大きな緑地があるようなものだ。すると、火事が起こった場合、火はそこで止まるし、住民にとっては、そこが一時的な避難場所になる。もちろん、そうして屋敷が開放された例はいくらでもある。

大名としても、自分の評判を悪くして、まわりで暴動でも起こされると困るから協力する。そのかわりに、町人のほうも、いざというときに助けてくれないと困るから、お屋敷の殿様を大切にする。

大名屋敷の分散には、そういう意図もあったのである。

防火帯として銀杏《いちょう》や青桐《あおぎり》を植えた庶民の知恵

下町《したまち》方面の町人住宅地は、人口密度が高いせいもあって、防火対策にはさらに心が配られている。

町人住宅の構造は、表通りが商家になっていて、ほとんどが二階造りである。しかも蔵造《くらづく》りといって、木の柱や垂木《たるき》が表面に出ないように壁土で塗り込め、漆喰《しっくい》で固めてある。屋根は瓦《かわら》で葺《ふ》く。瓦を葺けない者には、幕府が補助金を出している。とくに、明暦《めいれき》の大火（一六五七年）以後は、盛んに瓦葺《かわらぶ》きを奨励する。

さらに商家と商家の間には、梲《うだち》という防火壁を造って類焼を防ぐ。こうして、一ブロックごとに泥土を利用して囲み、類焼を防ぐ仕組みになっている。

市中に点在する神社や仏閣の門前は、道路の幅を広くとり、〝火除地《ひよけち》〟と称して、銀杏《いちょう》とか青桐《あおぎり》を植えてある。銀杏や青桐は燃えにくい樹木で、とくに銀杏は、火事のときに水を吹くといわれるくらい火に強い。

そういう樹木の特性までも計算に入れて防火帯を作る。明暦《めいれき》の大火のとき、市中にあった大寺院、東西本願寺《ほんがんじ》、三十三間堂《さんじゅうさんげんどう》、本誓寺《ほんせいじ》、吉祥院《きっしょういん》などは、消火の際、かえって邪魔になったという理由で、遠方に分散して移転させている。

また、町人は町人で、当時は自治制度だから、自分たちで町々に自身番《じしんばん》という火事の早期発見のための――これはのちに治安にも利用されるが――見張り場所を設ける。家々の角には、天水桶《てんすいおけ》を常設する。天水桶というのは、時代劇などで、犯人を尾行する岡っ引きがヒョイとかくれたりする場面に利用されるから、ごらんになったことがあるだろう。大きな木桶の上に手桶を重ねて、板で覆《おお》いをしてあるものである。吉原などでは、これを通りに置くと邪魔になるからといって、屋根の上に置いてあった。

こうして町人は町人で、幕府は幕府で、あらゆる知恵をしぼって防火対策を立てるが、その中でもユニークなのは鯨船《くじらぶね》である。

鯨船《くじらぶね》という避難用の千石船《せんごくぶね》も常備されていた

鯨船といっても、鯨を獲《と》る船ではない。船体を真っ黒に塗った千石船《せんごくぶね》で、その色と巨大さが鯨に似ているところから〝鯨船〟と呼んだのだが、これが二艘《そう》、隅田川に浮かべてあった。今日の言問橋《こととといばし》の近くである。千石船というのは米を千石載《の》せることができる船で、人間なら、千人は楽に乗れる。

下町一帯は火事のときに避難場所が少ない。そこで幕府は、火事の原因は薪《まき》や炭《すみ》だから、薪炭《しんたん》組合に「税金を出すかわりに千石船を造って管理し、一旦《いったん》ことがあったら、住民を避難させろ」と命じて、これを造らせ、隅田川に浮かべていた。

そして、住民を千人ぐらいずつ乗せては、千葉県の安全なところへ運ぶ手はずになっていた。

このアイデアは素晴らしい。けれども、実際に利用されたのは、八百屋《やおや》お七《しち》で有名な天和《てんな》の大火（一六八二年）のときだけだった。使ってみると、大きすぎて機動性がとぼしい。そのうえ、大きくて、じっとしているから、すぐ腐りはじめる。修繕費がばかにならない。そこで、鯨船はやめて、二、三〇人が乗れる小舟に切り換えた。小さい舟で、頻繁《ひんぱん》に安全なところへ運んだほうがいい、ということになったからである。

小舟になってからは、費用も町それぞれの負担になり、堀川や隅田川には、こうした避難用の舟がたくさん並んでいた。

江戸都市計画の市街地づくりというのは、こうして、防衛と並んで防火対策が主眼だったといっていい。大名屋敷はもちろん、商家の表通りは瓦と漆喰《しっくい》の白壁が軒をそろえて並び、銀杏《いちょう》や青桐の火除地が点在する。江戸はそんな街だったのである。

「江戸は世界一美しい都市」という宣教師の記録

慶長十四年（一六〇九年）、フィリピンからメキシコに帰る途中、日本に風で吹き寄せられて、上総《かずさ》に上陸して江戸に来た、スペイン人のドン・ロドリゴ・ピベーロの『日本見聞録』には「江戸の市街は……スペインの市街より勝《まさ》り、家の内部もはるかに美しい」と書いている。

また、当時の宣教師《せんきょうし》フェリスが江戸へ来て書いた『東洋書簡集』を見ると「ヨーロッパのどの都市よりも、東洋のどの町よりも江戸の町は美しい」と書いてある。

これにはまた、別の理由がある。江戸の市民は朝起きると、まず自分の家の前を掃《は》く。別にそういう法律的な義務があったのではない。

隣り付き合いとして、その町の住人として、自分の町を大切にしているという、連帯感を確認する自発的な行為である。

だから町がきれいだった。こうした風習も、今日ではあまり見られない。封建時代の遺物的習慣だから、バカらしいのだろうか。その代わりに、街角には清掃車を待つゴミの山が点在しているというのが、今日の私たちの街の顔である。

消火活動については、江戸には二つの組織があった。大名火消《だいみようひけし》、あるいは方角火《ほうがくひ》消《けし》という、大名屋敷と江戸城を防ぐ官設消防と、もうひとつは、町人の住宅区域を防ぐ町火消《まちびけし》である。

官設消防である大名火消は、町人住宅地の火事には出動しない。これはひじょうに冷酷に見える。だが、それは、江戸時代の行政組織や治安組織と深い関連がある。当時の行政システムの基本は〝自治〟である。

江戸の町は、基本的にはすべて無税だった。今日の所得税とか住民税とか営業税とかいった、個人を対象にした税金はなかった。町人が幕府におさめる税金は、冥加金《みようがきん》といって、町人の組合組織を対象に賦課《ふか》されたのである。

冥加というのは、〝営業に対するお礼〟といった意味で、〝江戸で商売をさせていただくお礼〟というほどの意味あいである。

江戸には代表的な職種が一〇種類あった。それが職種ごとに、横に強固な組合組織をつくっていた。俗に十組問屋《とくみどいや》というが、その組織単位に冥加金が賦課された。たとえば、先述した鯨船は、薪炭《しんたん》組合が幕府に冥加金を納める代わりに造る、といったふうにである。当時の武士階級は、農民層の生産の上に成立していたから、基本的には、江戸市民からの租税収入をあてにしていなかった、と考えていいだろう。いうならば、官設火消は農民の生産の上にあったので、町人とは関係がなかったのである。

そこで町人は、自らの火事は自分たちで消すための消火組織を作るようになった。それが町火消《まちびけし》制度である。

〝いろは四十八組〟にみる消防制度の計画性

町火消制度とは、各町各町がブロックごとに火消人足を雇《やと》い、チームを作って自分の町を守るようにした制度である。

江戸時代の消火法は、破壊消火方式である。先述したように、江戸の水は運河（上水）によるものであったため、水自体も少なく、また水圧もなかったからである。

火事が発生すると、火消人足たちは纏持《まといも》ちを先頭に現場へ急行する。

現場に到着すると、チームの監督である頭領《とうりょう》が、すばやい判断で、自分たちチームの守るべき場所を指定する。キャプテンともいうべき纏持ちは、その持ち場の高い屋根へ昇って纏を高々とかかげて振る。

纏とは、元来は采配《さいはい》と同じく神社で使っている御幣《ごへい》の一種から変形したものである。馬簾《ばれん》と呼ばれる纏に付いている細長い布は、神主がお祓《はら》いをするとき、榊《さかき》の枝に付けるヒラヒラしたものと同じ意味を持っていた。つまり、纏には神の力で火を消すという信仰の裏付けがあったのである。

火事場で、あるチームの纏が振られると、その区域には他のチームは入れない。そのかわり、そのチームは全力を尽くして区域を死守するわけである。

こう書くと、まるでスポーツのようで、申し訳ない気もするが、何しろ、江戸の市民は組合を組織しているひと握りの豪商をのぞくと、ほとんどが、借家住まいで、火事によって失うような財産を持たない。だから「火事と喧嘩は江戸の華」といった言葉にも見られるように、かなり、スポーツ観戦的な気分があったように考えられる。

一方、借家を持つ名主や豪商は、自分たちの財産にもかかわる問題だから、火消をひじょうに大切にする。中には個人でチームをつくって、これを保護する者もあったくらいだ。

私たちの知っている「いろは四十八組」は、徳川吉宗《よしむね》が本格的な防火体制をととのえた享保《きょうほう》の改革のとき、できたものである。「いろは四十八組」といっても「ん」と「ま」が置かれず、また「ひ」と「へ」は発音の区別がつかず、火に通じるからといって置かれなかった。代わりに「百組」「千組」「万組」「本組」が置かれた。

江戸っ子が「宵越《よいご》しの金を持たない」理由

いかに火消組織を増設しても、ほとんど水を使えない消防活動には限界がある。

宝暦《ほうれき》五年（一七五五年）、江戸幕府ができて百五十年ほど後に放水ポンプが考案される。「竜吐水《りゅうどすい》」という恐ろしいほどの名前を付けていることからも、当時、いかにこのポンプが期待されたかが推察される。これは、第二次大戦直後まではその姿が見られた手押しポンプと、ほぼ同じ構造である。ただ、水箱の中の水を木筒から外に放水する仕掛けは同じだが、その水箱の中へは水を吸い上げるのではなくて、手桶で井戸水を運び込まなければならなかったから、火事が大きくなるとそれほどの効果があがらなかった。

同時に長さ一間（約一八〇センチ）もある木製の筒ポンプも考案されている。構造は子どもの水鉄砲と同じで、名前も「水鉄砲」という。効果はそれほどあがらなかったが、当時としては重要な利器と考えられ、諸大名はとくに漆塗《うるしぬ》りの水鉄砲に、金蒔《きんまき》絵《え》で定紋《じょうもん》などをつけて火事場に持たせている。だが、こうした努力も、大火の前には文字どおり、焼け石に水で、江戸時代の消火活動の主力は破壊消防である。

その結果、江戸は六〇年に一度のとくに大きな大火と、その間、十二、三年に一度の割合で大火に見舞われる。しかし、その度《たび》に街は再建されていった。その再建活動がまた、経済活動を刺激する。江戸が封建時代でありながら、世界史には異例の大人口を吸収できた理由のひとつには、善悪はともかく、結果として、江戸が火災で焼失した住宅再建のための労働力を必要とした、ということがあるのではないだろうか。

さらに、この大火が頻発するということが、江戸市民にひとつの気風《きっぷ》をつくってい

った。

「江戸っ子は宵越《よいご》しの金を持たない」というものである。彼らは、金銭を貯《た》めるため

に質素にする人を「しみったれ」といって軽蔑《けいべつ》した。精神的には、過去にこだわって

クヨクヨするのを嫌う気風だが、その根底には、いくら経済的に蓄積しても、一度《ひとたび》大

火が起これば身体ひとつ持って逃げるのが精一杯で、すぐゼロに返ってしまうという

悟りがあったわけだ。しかし、これが単なる退廃《デカダンス》に陥《おちい》らなかったのは、宵越しの金

を持たなくても、翌日すぐ仕事があったからだろう。さらに、それが火事という絶望

的な状況にありながら、いや、そういう状況だからこそ、なお、江戸の市民は先を競《きそ》

っても命がけで活動する火消の姿に拍手を送ったのだった。

その結果、「宵越しの金を持たない」ということが、絶望的な状況に陥ってもな

お、過去にこだわらずに、その日その日をキビキビと生きていく、江戸っ子のバイタ

リティといった意味になり、ひいては、そうした生き方をすることが江戸っ子の誇り

になっていく。そして、それがしだいに、思い切りのよさとか、気風のよさといった

形で、日本人の精神構造に定着していく。

そしてそれが、関東大震災からの復興、あるいは、世界的に驚異といわれる第二次世界大戦の廃墟《はいきょ》の中から、今日の日本を再建した日本人のバイタリティの底流になっているのではないか。実際、第二次世界大戦終結の直後、東京の焼け野原の中で、その辺の焼け残りの材料を集めて槌音《つちおと》を響かせている市民の姿を見た。そのとき、私は十数年に一度の割合で大火にあいながらも、その度にフェニックスのように江戸をよみがえらせた江戸市民の姿を、そこに見る思いがして、しばし、われを忘れた記憶がある。

一割以上の人口を失った明暦《めいれき》大火

それにしても、大火は悲惨な結果を生んだ。江戸史上、最大といわれ、江戸城の天守閣《てんしゅかく》とともに江戸市中の過半を焼失した明暦《めいれき》の大火（一六五七年、本郷丸山町《ほんごうまるやま》本妙寺《ほんみょうじ》で施餓鬼《せがき》に焼いた振袖《ふりそで》が大火の原因だったため、振袖火事とも呼ばれる）では、約十万六千人の焼死者を出したと記録されている。

関東大震災のときの焼死者がほぼ十万人だが、このときの東京の人口は約四百万人。明暦の大火のときが、世界最大の都市といわれても八〇万人。人口比率にすると、比較にならないほど悲惨な大火だったといえよう。

その焼死者の大半は、身元が確認できる状況ではなかったので、石川島《いしかわじま》の人足寄《にんそくよ》せ場《ば》から人を集め、二町四方の巨大な穴を掘らせ、無縁仏《むえんぼとけ》として葬《ほうむ》った。穴の底に仏になった人を並べては土をかけ、何重にも重ねて葬り、その上に寺を建てた。それが今日の両国《りようごく》の回向院《えこういん》である。だから、あのあたりは少し掘ると骨が出てくる。回向院のそばに、今は解体された日大《にちだい》講堂（旧国技館）があったが、それを造るとき、地面を掘ると骨だらけだったそうである。

けれども、江戸時代三百年を通じて、江戸では一揆《いっき》のようなものが起こっていない。米騒動が二度ほどあったが、町人が組織して一揆を起こすことはなかった。

それには、江戸都市計画が、水上、陸上の道路施設、防衛、防災、防火、そして飲料水の確保といった、都市としては、近代社会におけるそれとほぼ変わらないくらいの主要条件を満たしていた、ということが大きな理由の一つである。

さらに、火事のときはもちろん、飢饉《ききん》のときの救済対策までも完備していたからである。

救米《すくいまい》を蓄《たくわ》えた浅草《あさくさ》の〝お救《すく》い小屋〟

明暦の大火のとき、封建領主の象徴ともいうべき天守閣が焼け落ちるが、江戸幕府はこれを再建しない。そもそも、城に天守閣を造るという発想は、織田信長《おだのぶなが》時代のもので、真の目的は見張りである。これを再建しないのは、防衛都市としての江戸に、もはや見張り台は必要がない、さらに江戸開府以来の最大の反乱であった天草四郎《あまくさしろう》で有名な島原《しまばら》の乱（一六三七〜三八年）が諸大名の力では鎮圧できず、老中《ろうじゅう》じきじきの指揮でようやく抑《おさ》えたという経験で、諸大名がすでに、江戸幕府に対抗するだけの力を持っていないということがわかったための、自信のあらわれであろう。

だが、大火直後の評議では、強固な再建論も出ている。天下の江戸城に天守閣がないということは、当時の常識としては考えられなかったからだろう。だが、結局、やめた。

時の老中であった保科正之《ほしなまさゆき》の「住むところを失った武士町人が家屋の再建を急いでいるときに、天守閣の再建などはじめると、邪魔になる」という正論が通ったのである。

そして、湯粥《ゆかゆ》を煮て、食糧を失った者を救済している。

そうした、いざというときの救米《すくいまい》を蓄《たくわ》えた米蔵も、江戸都市計画の最初の段階で建てられている。それは今日の皇居前にあった。そして、いざというときには浅草《あさくさ》などに設備された〝お救《すく》い小屋〟を通して、市民に給付されたのである。百万人近い餓死者と病死者を出した有名な天明《てんめい》の大飢饉（一七八二〜八七年）のときも日本の各地で一揆《いっき》が続発したが、江戸では、この救米制度のおかげで、幕末の混乱期を除いて一揆はついに起こらなかったのである。

日本人は物真似《ものまね》上手で独創性がない、とか、計画性に欠ける、とよく言われるが、こうしたように、近代とほとんど変わらない都市条件を満たした都市を、計画の立案時に、独力で考えることができたということは、日本人の独創性と計画性を、証拠立てるものではないだろうか。

元禄《げんろく》時代、すでに江戸の人口は世界一だった

東京は、元禄時代すでに世界最大の人口を持つ都市であった。その都市計画が防衛上の観点からも、そうした巨大な人口を呑《の》み込むことを予想して作成されたことを述べた。

私たちは今日、移住する場合は、町役場、市役所、区役所といったところで、移転届を出し、移動証明書をもらって移住先の役所に届ける。これは日本人の最低の義務とされ、これを怠《おこた》ると行政上の処罰を受け、罰金を賦課《ふか》される。そして、ある地区の役所に住民登録することで、市民としての権利を保証され、法律上の保護を受けることが約束される。その代償として、所得税、住民税などを賦課される。

今日の日本人は、大雑把《おおざっぱ》にいって、こうした形態で管理を受けている。そして、誰によって管理されるかを選ぶ自由として、選挙権と被選挙権が市民の最大の権利として保証されている。民主主義社会だから管理という言葉は適当でなく、個人個人の自発的な義務というべきだが、江戸時代のそれとの比較をわかりやすくするために、仮にこの言葉を使う。

さて、家康が江戸に幕府を定めたとき、江戸の人口は約二千人だったといわれる。今日の神田錦町《にしき》あたりに柴崎村《しばざき》という農村があって、そこにいた人たちが、朱引内《しゆびきない》の先住民であった。

それが、参覲《さんきん》交代のはじまった寛永《かんえい》のころ（一六二四～四四年）から急増しはじめ、いちばん正確な数字と思われる天明七年（一七八七年）江戸朱引内の人口調査では、武士、町人、娼婦、出家、神職など合わせて、じつに一六二万六千五百人。町人や職人など市中人口が一二八万五千四百三〇人となっている。これは飢饉にあたって、幕府が救米を出すために調査したものだから、ほぼ正確な数字と考えていいだろう。

約一九〇年間で、二千人から一六〇万人と、爆発的に増えた町人や職人を、幕府はどのように管理し、治安を維持する計画を立てたか。

先述したように、江戸市民には、個人的に賦課される税金というものがなかった。したがって今日、私たちがいう義務というものもないかわり、権利もなかった。

では、江戸市中人口はどうやって増加し、それを幕府はどうやってチェックしたか。

原則として、幕府は市民の江戸定住を奨励している。町人が江戸へ来れば、当時は地上権もないからタダで土地をくれる。したがって、日本全国から人口が流入した。といっても、いちばん多く来たのは、伊勢《いせ》屋、三河《みかわ》屋、駿河《するが》屋といった屋号が示しているように、東海道筋からである。そのつぎが上総《かずさ》、下総《しもうさ》(現在の千葉県と茨城県の一部)。上野《こうずけ》、下野《しもつけ》(現在の群馬県、栃木県)は近い割りには少ないし、東北地方はもっと少ない。

なぜ、三代住むと江戸っ子になれたのか

ある地方から江戸へ移住しようとする場合は、江戸に身元引請人《ひきうけにん》がいるといちばん簡単で、郷里を出るときに名主に「どこの誰々」という鑑札《かんさつ》をもらえば、それがパスポートがわりになって関所を簡単に通行できた。

ただ、武士の生活基盤が農民にあるために、農民が町人に変身することによって、農民の生産力が低下するのを、幕府はひじょうに警戒した。それを防ぐために、農家の長男は絶対に移住できなかった。

しかし、次男、三男は逆に、農村人口が過剰になるので引請人さえいれば簡単に許された。その場合は、鑑札に「耕作に耐える土地なきために江戸出稼ぎ」と書いてある。それを持っていれば江戸に入れた。

江戸へ入れば、出稼ぎも永住も差別はないのだが、一応、はじめは出稼ぎ人であり、三代、江戸に住みつくと〝江戸っ子〟として認められる仕組みになっていた。「江戸っ子は三代目から」というのは、そこから生まれた言葉である。

こうして、江戸が農村の過剰人口を吸収したことが、江戸時代を安定させた原因のひとつになっていると考えられるが、そのことが江戸都市計画の当初に考慮されていたかどうかは、判然とはしない。ただ、こうして、次男、三男に関するかぎり引請人さえあれば、移住を制限することはなかったから、案外、計画的であったかもしれない。これは私の推察である。

江戸へ入ると、引請人の所に住むか、どこかの家主に紹介してもらって借家に住む。すると家主が、「店子《たなこ》として、誰それを自分の家に預かっている」と町役人に届ける。それで手続きは完了する。

そして、住民相互監視制度といわれるほど悪名の高い、五人組に編成され、三代住むと江戸っ子になるわけだ。

こうした町人、つまり市民が定着できる場所は、あらかじめ都市計画で決められていた町人住宅地である。町人住宅地は、大体において神社、仏閣の門前か、新しい埋め立て地、今日の銀座、深川、本所《ほんじょ》あたりである。

江戸時代は完全な女尊男卑《じょそんだんぴ》の社会

住居地についていえば、住民税を払わないということがあるのかもしれないが、ひじょうに制限されていた。人口百万人のとき、八割は町人なのに、面積でいえば、町人の居住区域は全体の二割たらずしかなかった。したがって、単純計算でいくと、武士、神職、僧侶《そうりょ》などの約十六倍の密度で住んでいたのである。

だから、町人住宅には庭園などはない。表通りは商家が壁を塗って一種の防火帯になっているし、その裏に〝裏長屋古町《うらながやふるまち》〟があって、そして板葺《いたぶ》きの町人住宅が平屋《ひらや》で並んでいる。

長屋の広さは、だいたい、今日でいうと2DK――六畳と八畳の二間で、家賃は年計算だが、今日の値段でいうと、一カ月千二百円ぐらいである。

けれども収入も少ないから、特別、安いということもない。要するに、その日の収入をパッと使えばなくなる。翌日また働けば、なんとか食べていける程度のものである。

当時の町人の生活を書いた『世事見聞録《せじけんぶんろく》』を引用してみる。

「今、軽き裏店《うらだな》のもの、その日稼ぎのものどもの体《てい》（様子）を見るに、親は辛《つら》き渡世《とせい》を送るに、娘は化粧し、能《よ》き衣類を著《き》て、遊芸または男狂いをなし、また、夫は未明より草履《ぞうり》、草鞋《わらじ》にて棒手振《ぼてふ》りなどの家業に出るに、妻は夫の留守を幸いに近所合壁の女房同志寄集まり、己《おの》が夫を不甲斐性《ふがいしょう》のものに申しなし、互に身の蕩薬《とうやく》なることを咄《はな》し合い、また紋かるた、めくりなどという博奕《ばくち》をいたし、或《あるい》は若き男を相手に酒を飲み、或は芝居見物、その外《ほか》、遊山《ゆさん》初参りに同道いたし、雑司《ぞうし》ケ谷《や》、堀の内、目黒、亀《かめ》井戸《いど》、王子、深川、隅田川梅若《うめわか》などへ参り、またこの道筋、近来料理茶屋、水茶屋の類《たぐい》、沢山《たくさん》に出来た故《ゆえ》、これ等へ立入《たちいり》、また二階などへ上り、金銭を費してゆるゆる休息し、また晩に及んで、夫の帰りし時、終日の労を厭《いと》いやらず、却《かえつ》て水を汲ませ、煮《に》焚《たき》を致させ、夫を誑《たぶら》かし、賺《すか》して使うを手柄とし、女房、主人の如く、夫は下人の如くなり。たまたま、密夫などなきは、その貞実なるを恩にきせ、これを嵩《たか》ぶり、これまた兎《と》にも角《かく》にも気随我儘《きずいわがまま》なり」

もちろん、多少誇張して描写されていることを考え合わせれば、今日の私たちの生活によく似ている、というと、世の女房族にお叱《しか》りを受けるだろうか。当時、女房族が上位にあったのには、理由がある。江戸は出稼ぎ人が多く、そのほとんどは男性だったから、女性が少なかった。だいたい二対一の割合で男性が多い。要するに、需要と供給のバランスの問題である。

女性が少ないと当然、女性が有利だし、まだ岡場所《おかばしょ》といわれた私娼窟《ししょうくつ》も繁盛する。話がここへきたついでに、吉原《よしわら》について述べよう。

吉原は明暦の大火までは、今日の日本橋、つまり下町の真ん中にあった。それが火事をきっかけに、新吉原といって浅草の田んぼの中に移転させられる。

なぜ、遊廓《ゆうかく》を町の真ん中に置いたかというと、犯罪人摘発のためである。吉原へ来て、金を使い過ぎるとか挙動不審《きょどうふしん》な者、あるいは無宿者《むしゅくもの》を検索する秘密警察、高等警察の出先機関として、遊廓を利用していたのである。

もちろん、遊廓を幕府が奨励したわけではない。けれども、江戸には都市計画を実施するために労働力を結集した。結果として男性が増える。ちょうど、アメリカの西部開拓時代のようなもので、女性が少ない。となると洋の東西を問わず、遊廓が自然発生的にできる。そこで日本人はそれを、犯罪者摘発の場として利用する。存在を認めるかわり、協力させるわけだ。利用できるものは利用していく。これも日本人のが、めつさというか、けっして、従来いわれてきたような、淡泊さでは説明できない性格を示すものだろう。

遊廓の経営者を行政機関の手先とする。たとえば、怪しいものがいると、役人に通報することを義務づける。そのかわり、遊廓は一切、無税で、多少の課役のほか冥加《みょうが》金を免除する。これも、江戸時代の治安維持のために発想した、ユニークな知恵といっていい。

そんなことは、犯罪をおかしていない善良な市民には関係がないわけだから、遊廓はひじょうに繁盛する。出稼ぎ人や、勤番武士といって家族を田舎《いなか》に置いて江戸詰《づ》めに来ている侍、そして、番頭や手代《てだい》。町人は当時、家を持てて結婚できるのは三十過ぎてだったから、やはり独身者が多かったのである。

だから、遊ぶ値段もずいぶん高かった。吉原の大夫《たゆう》となると、これはもう客は限られてくる。だいたい、一晩が十両、江戸初期のそれは、今日のお金で約五〇万円。今日、銀座の遊びで一晩に百万円使うのがいるそうだが、普通はそうはいかない。当時だって同じである。大夫より格下の天神《てんじん》で、一晩一両、五万円。その下の切見世《きりみせ》というのが二分《ぶ》、それから一分。いちばん下の二朱《にしゅ》女郎で、二千円から四千円。だから、性の価値は、江戸時代のほうが高かったのである。

遊廓は、吉原の他に先述した四宿《ししゅく》（品川、新宿、板橋、千住）その他に天保《てんぽう》年間には私娼窟《ししょうくつ》が六一カ所あって、それがのちの花柳《かりゅう》界のベースになった。いかにも前近代的だが、男女の比率を考えると、仕方のないことだったかもしれない。

横道にそれたが、江戸時代の町人の治安自治組織を大雑把に説明しておこう。

遠山金四郎《とおやまきんしろう》は、知事、警視総監、裁判所長の三役

まず、江戸の治安のトップに立っているのが、遠山《とおやま》の金《きん》さんこと、遠山金四郎や大岡越前《おおおかえちぜん》などで有名な町奉行。これは江戸の行政権、司法権、立法権の三権を事実上、把握していたといっていい。つまり、警視総監であり、東京都知事であり、東京地方裁判所長だった。

元禄《げんろく》年間（一六八八～一七〇四年）、すでに江戸市中人口は八〇万人を超えて、事件が多くなったので町奉行を南北に分けたのである。そして、南町奉行所は今日の銀座マリオン、北町奉行所は今日の常盤《ときわ》橋御門にあった。

そして、一カ月交代で実務に就《つ》く。それなのに、牢屋は増やさない。小伝馬《こでんま》町、今日の中央区小伝馬町にひとつあるだけである。犯罪人は増えるから牢《ろう》の中は超過密になって、入牢したものの二割が死亡している。文字どおり立錐《りっすい》の余地もない状態だったらしい。

身分の高い者、侍は床《ゆか》が張ってある揚屋《あげや》に入れられるが、有名なエレキテル（摩擦起電機）を製作した平賀源内《ひらがげんない》は、小伝馬町の牢屋の中で破傷風《はしょうふう》になったという記録があるから、揚屋自体も湿気の多い、不衛生なところだったと思う。

町奉行の下に与力《よりき》、これが今日の警部、警部補にあたり、その下に同心《どうしん》、これが刑事とか巡査部長にあたる。ここまでが武士である。

町人と関係の深い町役人は、アメリカの保安官のようなもので、これは町人である名主《なぬし》が選んだ自治的なものである。だから、町役人には警察権がなく、奉行所から犯罪捜査を委託されたり、警察権を代行するだけだ。だから支配は受けるが、配下ではない。岡っ引きと呼ばれるのがこの警察権の最下にあって、その下に小者を使っている。いずれも無論、非常勤で、事件ごとに出動して、手当を受ける。そのため平素は別の定職を持っている。彼らは平素、十手《じって》さえ持っていない、あまりパッとしない役目で、時代劇や講談のような格好よい存在ではなかった。

ついに江戸では一度も暴動がなかった

市民が当時どういう支配を受けていたのか、今度は、市民が楽しんだ旅行の際の手続きを例にとってみる。

市民は木戸を通って、いわゆる朱引外《しゅびきがい》へ旅行をするのは自由だったが、関八州《かんはっしゅう》の外に出るとなると、そこは外国と同じ他藩だから、少々、手続きが必要だった。関八州の外側には関所がある。箱根の関所が有名だが、ここを通過するには手形が必要だった。パスポートである。

ところで、町役人が市民の戸籍原簿を持っているわけでもないし、自治体だから、奉行所にも原簿があるわけではない。どこにあるかというと、寺にある。寺が「何々寺の檀家《だんか》にして、キリシタンにこれなく候」と市民の身元を保証する。

これはひじょうに利口な知恵である。寺という宗教的な場所、機関に戸籍を管理させる。つまり、行政権の肩代わりを宗教にさせる。市民は自分が死んだとき、葬式を出してくれないと困るから、完全に出生や死亡を寺まで届け出る。いわば、宗教心を利用して行政管理をしたわけである。だからといって、寺には何の権限もない。ただ身元確認方法としては、完璧だったといえる。それでいて、寺の和尚《おしょう》の了解がないと、たとえ名主、町役人でも、パスポートを作ることができない。つまり旅行できない。和尚の承認を得て、「何々寺の……」と身元保証をしてもらうと、今度は名主や町役人がそれに印鑑を押して、パスポートが完成する。これを持って、関所に行くと、町の名主の印鑑が原簿に届けてあるから、これと照合して、関所を通行できた。

爆発的に増加する市民人口を幕府がひとつひとつチェックする機構は作れない。人口調査もできなければ、租税をとるわけでもない。しかし、土着させなければ、犯罪捜査もできない。だからといって、町人の自治に権限を独占させるのは危険である。

江戸の町は、何人かのブルジョア以外はほとんどが労働者である。彼らは借家に住む。それを利用して、市民を町役人、名主の管轄下に入れさせ、直接には家主に監督させる。家主が市民を搾取《さくしゅ》しすぎて、江戸の町で暴動を起こすことがないように連坐制を設けた。

すると、家主、つまり大家は店子《たなこ》が犯罪を起こすと困るから、店子に困ったことがあると、親身になって相談に乗る。あるいは、きびしく監督する。店子のほうも、家主が親の身代わりとして、請人《うけにん》になってくれたおかげで江戸に住めるわけだから、言うことを聞く。

「大家といえば親も同然」という言葉は、今日のアパート暮らしでは実体がないが、江戸時代には、権利義務ともに〝親も同然〟といえるほどに深い関係があったのである。

そして、さらに、市民同士、横の関係である五人組という相互監視組織であると同時に、相互扶助の組織を作って、犯罪の発生をふせぐわけである。

こうして、幕府は自らは直接手を下さないで、完全に江戸市民を把握したのである。人口の増加をなすがままにして、しかも、完全に支配する。市民のほうは本当に困ったときは、相談に乗ってくれる家主、大家と、五人組という友人に対する義務を感じるだけで、幕府に対する被支配感は薄い。被支配感が薄いということは、町人一揆などの心理的基盤が薄く、これが三百年の長い治安維持が可能だった一つの理由だともいえるだろう。

これが江戸都市計画における、人口増加への対応の仕方である。そして、これもまた日本人が自ら生んだ知恵である。

2章　日本は、江戸時代から〝世界一の教育国〟

──農民は字が読めなかったと考えるのは大間違い

江戸時代のほとんどの農民は字が読めた

今日、日本人は誰でも文字が読める。識字《しきじ》水準は世界一高い。それが日本人の自慢のひとつである。だが、明治以前の日本人は、文字が読めなかったと、間違って思っている人が多い。

それは、江戸時代についていえば、今日の学校制度のようなものが完備されていなかった社会だから、ということが思い違いをする大きな原因になっているようだ。けれども、そこには、文字を読んだり書いたりすることは、学校があるから習うのではなくて、読み書きは、生きていくために必要だから習うのだ、というごく当たりまえの視点が欠けている。

江戸時代には、村々には制札場《せいさつば》があり、街道筋にも要所要所に制札場があった。制札場というのは、今日の自治会や役所の告示板のようなもので、新しい法令や命令ができると、一般の人々にそれを知らせるために札を立てる場所である。

江戸時代の風俗画、たとえば、「東海道五十三次」の浮世絵《うきよえ》で知られる写実派安藤《あんどう》広重《ひろしげ》の絵を見ると、その制札場の立て札の前に、当時の交通機関であった馬を引いた馬子《まご》が立ちどまって見ている絵がたくさんある。馬子が立て札を見ているということは、読めない文字で書かれたものをただ眺めているだけだ、と理解すべきだろうか？　それとも、馬子はそれを読んでいる、と理解すべきだろうか？　どちらが無理のない推理だろう。

江戸、日本橋《にほんばし》の制札場は有名だったらしく、その光景を描いた絵がたくさんある。いずれも百姓や町人が、ポカンと口をあけて眺めている。これも眺めているだけだろうか？

江戸時代の庄屋《しょうや》の日記を見ると、立派な毛筆の文字でいろんなことが記録されているから、庄屋や名主が文字を読み書きできたことは間違いない。では、一般の町人や百姓には文字が必要でなかったか、といえば、そうではない。

農民もまた、月に何回となく庄屋のところへ出頭して、書類を出さなければならなかったことが記録によってわかる。この資料は、現在でも各県立図書館へ行けば「地方文書《じかたもんじょ》」として残されている。また慶応大学図書館には膨大な量の記録が保管されている。

彼らが文字を知っていたのは、やはり生活のためである。たとえば、「猪《いのしし》が自分の家の畑を荒らした」「×月×日の大水のために、すっかり田んぼをやられてしまった」

こうした報告をしておかないと、年貢《ねんぐ》を減らしてもらえない。生産にかかわる事故などは、すべて文字にして届書《とどけがき》に残しておかないと、あとで証拠にならないから、農民にとっては、文字の読み書きは重要な生活の必要条件であった。

農民が家を建てたり、改築するときも、庄屋の許可がいる。だから、農民が書いた涙ぐましいような記録が残っている。

「どこそこの屋根から水が漏って困るから、修繕のために三日ぐらいは仕事を休む」

今日の東京・世田谷《せたがや》、当時の江戸近郊、世田谷村などには、そうした記録が山と残っている。

生活のために読み書きは必要だった

こうしたことを農民が口述して、庄屋に書いてもらった、ということも当然あるだろうけれども、農民たちが命がけで戦った一揆《いっき》の起請文《きしょうもん》は、代筆してもらうわけにはいかないだろう。そこには、農民たちが自分の名前を自分で署名するわけだ。その文字を見ると、これは意外なことかもしれないが、大変、上手なものもある。私の見るところ、だいたいにおいて、現代人でさえも自分の名前を書くのに下手な人が多い。それが立派だということは、客観的に見て、当時の農民は相当、文字を書くことに馴《な》れていたと考えていい。

町人に至っては、帳簿つけをやるから、字を読み書きできたのは、当然だろう。丁稚《でっち》時代は必要でないが、手代《てだい》になったら、帳簿の読み書きができなければ勤まらない。番頭になると、これはもうすわりきりで帳簿をつけるのが仕事のようなものだから、当然、文字に熟達していた。

漁師《りょうし》も、網元帳《あみもとちょう》をつける名主は当然、筆が立ったし、一般の漁師も、いちいち漁獲高を記録しておく必要があった。

職人もまた、当然、文字を必要とした。とくに大工《だいく》職人などの場合は、木造建築は複雑なプレハブ建築みたいなものだから、どことどこをつないで組み合わせるかを、木片のひとつひとつに書かなければならないし、組み上げるときには、それが読めなければならない。

さらに奈良の法隆寺《ほうりゅうじ》や京都の平等院を、修繕するために解体してみると、落書きがたくさんしてある。その落書きは、棟梁《とうりょう》が書いたものではない。大工職人の中では、いちばん末端の〝叩《たた》き大工〟が、最後に組み立てるときに書いたものである。

さらに瓦《かわら》にヘラで落書きしてある。瓦を焼く職人が落書きしたものである。これらの落書きの文字は、ひじょうに立派である。

もちろん、これらをして、日本人がみんな、文字を読み書きできたというのではない。けれども、これらのことは、日本の庶民の間に予想外に、文字が普及していたことを裏付ける証拠であると思う。

少なくとも、農民は、ほとんど文字の読み書きができなかったとするのは、間違いである。

文字を読み書きできなかった者も多かった証拠として、文字の代わりに、それを絵で表現したものもたくさんある。

たとえば、絵暦《えごよみ》がそうである。また、般若心経《はんにゃしんぎょう》を絵で表現した絵心経《えしんぎょう》、さらに、絵地図などがたくさんある。般若心経などは、文字の読み方そのものがむずかしく、今日でも、誰でも読めるとはいかないから、これはむしろ、発音を絵で表現したということもあるだろう。したがって、これをもって、彼らは日常生活に必要な文字が使えなかった、とすることはできない。

傑作なのは絵地図である。たとえば、江戸の四谷大木戸《よつやおおきど》を示すのに、四本の矢を書いて「四つの矢」——四谷とわからせる。こうしたアイデアに満ちていて、絵の意味を判読するには、文字を読むよりも高等な知的作業がいるのではないか、と思うくらいである。

日本の教育制度は奈良時代からあった

こうした事実は生活の必要条件として、日本人がかなり文字の読み書きができた、あるいは知的だった、ということを示していよう。

事実、日本人は今日でもそうだが、昔から教育というものが好きな国民だったようである。

教育といっても、いろいろあるが、まず一般的にいう学校教育、専門の教授がいて、特定の施設で教える教育が、なんと、いまから約千三百年前からあったのである。

文武《もんむ》天皇が制定した大宝律令《たいほうりつりょう》（七〇一年）という法律の中に、「学令《がくりょう》」という学校制度を決めた教育法令がある。

学校教育制度に関する法律としては、ローマと中国の唐《とう》につぐ古いものである。

さらに興味深いのは、私立学校という制度を、平安時代にはすでに持っていたということである。藤原冬嗣《ふじわらのふゆつぐ》が創設した勧学院《かんがくいん》（八二一年）は藤原一門のためのもの。空海《くうかい》が開設した綜芸種智院《しゅげいしゅちいん》（八二八年）は、身分があまり高くないために、大学や国学に入れない人々のために造られたもので、京都の東寺《とうじ》にある種智院《しゅちいん》大学はその名をとったものである。

つまり、日本人はすでに千年前に、教育の重要性に気づき、早くもそれを制度化していたわけである。

大宝律令に出てくる学校には、大学と国学がある。大学は、中央にある最高教育機関で、地方官吏《かんり》と中央の官吏の子弟を集め、官吏を養成するところである。国学は、地方の官吏の子弟や、一般庶民でも優秀なものを集めて、地方官庁の役人を養成するところだった。

この大学と国学の教育内容は、主に法律を教えることを目的として、中国風の文字、漢文、漢詩などを教えた。

今日、外国語の学校を出ても、外国語で文章を書いたり、詩を書いたりするのは大変である。それを考え合わせると、大学や国学の教育程度が相当に高かったことは想像がつくと思う。

昌平黌《しょうへいこう》の試験に三度落ちると家督《かとく》を継げなかった

江戸時代の官営の学校で、この大学に当たるのが有名な昌平黌《しょうへいこう》である。

これは幕府が制定したものだが、前身は林家《はやし》の私塾で、寺子屋《てらこや》である。最初は上野の忍ヶ岡《しのぶおか》、今日の上野公園の下にあった。

それを元禄四年（一六九一年）、五代将軍綱吉《つなよし》のときに、文京区《ぶんきょう》の湯島《ゆしま》に聖堂《せいどう》を造って移転し、昌平坂《しょうへいざか》学問所とし、大学頭《だいがくのかみ》（今日の学長）を林鵞峯《はやしがほう》の子孫が世襲《せしゅう》したものである。

このために、林家は一万石の所領と、江戸城大手門の前に邸宅をもらい、歴代将軍の師匠と幕府文教政策の責任者、つまり文部大臣をかねていた。

したがって、昌平黌は、学校であると同時に文部省のようなもので、幕府の教育行政の中心的役割を果たす。だから、昌平黌は、一般の学校というより、学者の養成機関であり、幕府直属の武士、直参《じきさん》の子弟の検定試験を行なうところだった。

当時は、学生といわずに、門弟というが、昌平黌の場合は、住み込みで大学頭の指南を受け、一定の年齢に達すると、郷里へ帰って結婚して町塾を開いたり、各藩に仕《つか》えたりする。

直参の場合は、十七歳になると、大学頭の前に出されて、素読《そどく》の試験を受ける。二回までは落第しても大丈夫だが、三回落ちると再試験の機会を失う。そうすると、一生、武士として家を継げなくなる。つまり、武士としての階級は残るが、家督《かとく》相続は許されない。その結果、やむなく町人や農民の家に養子に行ったり、雑業につかなければならない、というきびしいものだった。

外国で武士に当たる騎士というのは、必ずしも教養があるとは限らないが、江戸時代の日本の武士は、かなり高い教養を持っていたといえよう。教育内容は、『大学』や『論語』などの四書《ししょ》五経《ごきょう》といわれる中国の古典の素読や、高度な私文書の製作を身につけることだった。

藩校二五〇、寺子屋《てらこや》は一万以上あった

さらに、江戸時代には、諸藩に置かれた藩直営の藩黌《はんこう》・藩学と呼ばれるものがあった。この教育機関によって、武士は、直参《じきさん》以外の者でも教育を受けられたのである。藩黌は、ふつう儒学をたてまえとしたが、江戸時代後期には、洋学や医学などを教えるものもあった。

この藩黌の歴史は古く、岡山藩主池田光政《いけだみつまさ》の時代に建てられた、岡山藩学校（閑谷《しずたに》黌《こう》）の前身花畠《はなばたけ》教場は、寛永十八年（一六四一年）のものである。これ以外にも、水《み》戸《と》の弘道館《こうどうかん》、会津《あいづ》の日新館《にっしんかん》、仙台《せんだい》の養賢堂《ようけんどう》、米沢《よねざわ》の興譲館《こうじょうかん》、尾張《おわり》の明倫堂《めいりんどう》、長門《ながと》の明倫館《めいりんかん》、熊本《くまもと》の時習館《じしゅうかん》などが有名である。

これらの藩学校は、幕末にはなんと二五〇校に及んだ。以前の国立大学が、定員数は別として一期校と二期校とに分かれ、合わせて八〇校であったことを考えれば、当時の教育水準の高さが、わかるのではないだろうか。

今日でも、学校に入るための学習塾が盛んだが、江戸時代でも事情は同じで「町塾」が繁盛する。これらはおもに、武士の教育機関である。けれども、今日と異なるところは、武士が家督相続をするために、検定試験を通る必要があったというだけ

で、検定試験にパスしたからいい就職ができるとか、家禄が増えるということはなかった。本人の実利に関することは、本人の技能の問題で、学校教育が立身出世につながるという発想はなかった。

だから、「大学を出ていなければ出世もできない」という学校教育のもたらす弊害《へいがい》は、明治以後の学校制度のもたらしたものである。

ましてや、町人、農民、職人には検定試験というものもないから、教育を受けるかどうかは、当人たちのまったくの自由意思であった。

その自由意思で学ぶ教育機関が、「寺子屋《てらこや》」という学校制度である。

寺子屋制度の起源は、室町時代の画僧・雪舟《せっしゅう》が、寺の小僧になって文字や絵を習ったように、江戸時代以前にさかのぼるが、庶民の教育機関として一般化したのは江戸時代の中期以後である。

幕府が積極的に文教政策を推し進めたことはすでに述べたが、元禄時代を過ぎると、少しずつ資本力をたくわえた町人階級が台頭し、また農村も商業化してくるようになり、庶民の間でも学問に対して要求が高まった。

寺子屋は、この庶民の要求に応じて、自然発生的に広まるようになったのである。

先生は、武士、僧侶、神官、医者などで、一クラスは四〇人前後が多かった。現在でも、一人の先生が教えられる生徒の数は、その教科にもよるがだいたい四〇人とされている。いまの小学校の一クラスが、そのくらいの人数であることを考え合わせると、この数字も合理性を持ってくる。

寺子屋は、江戸時代をとおして増設される一方であった。そして幕末には、驚くべきことに一万校以上に達した。当時の人が、教育にはらった努力のすばらしさがしのばれるのではないだろうか。

寺子屋の教育法はスキンシップ方式

一般的な寺子屋での教育内容は、読み書きであった。日本全体が商業的になるにつれ、ソロバンも加えられ、この三教科が中心となった。

習字の教育法は、世界でもほとんど例のない方法がとられていた。スキンシップ授業法とでもいえる、手習《てなら》い方式である。先生が、筆を持つ生徒の手を上から握って、筆運びを教えるのである。理屈ではなく、手触《てざわ》りで教える。今日でも、書道の練習ではこの方法がとられているが、要するに理論的学習でなく、体験学習法とでもいうべきものである。

この教育姿勢は、読み方を教える場合でも同じである。

今日の教育は、何という字は何偏《へん》で、何という意味だ、音《おん》では何と読む、訓《くん》では何と読むという学習方法である。文章は文章で、別に教える。

いうならば理論的、合理的教授法である。

寺子屋では、意味がわかるかどうかは後でいいわけで、とにかく文章を耳で聞かせて、あとで文字と照らし合わせるというのだから、乱暴といえば乱暴な、不合理な教授法である。けれども、結果的にいうと、寺子屋的教授法のほうが、文字をわかるようになるのは早い。大体六歳くらいから六年間で、日用漢字の八千文字ぐらいは憶《おぼ》えている。

しかも、教科書がない場合は、師匠が自分で書いたから、楷書《かいしょ》、行書《ぎょうしょ》、草書《そうしょ》もずいぶん小さいときから教えられる。だから、江戸時代の人は幼年期からずいぶん上手な草書でも書けた。

文字の読み方と書き方だけを憶《おぼ》えるという意味では、かえって、当時の方法が能率的だったともいえる。

「読書百遍《ぺん》、意おのずから通ず」という言葉は、今日では一つの本を百回も読む人はいないから、単なる比喩《ひゆ》にしかすぎないが、寺子屋では、実際にそれをやっていたのである。

高度な教育によって庶民は自立していた

緒方洪庵《おがたこうあん》は、大坂の町医者である。医師を開業する一方で、診断治療の合い間に内弟子をおいて、それに医学の講義をする。医学は体験が大切だから、内弟子たちを診断治療に立ち会わせる。今日のインターン制度と同じである。こういう医学塾もあった。

また、「算学塾《さんがくじゅく》」という、算数を専門に教える塾もあった。ソロバンというのは、加減乗除《かげんじょうじょ》を教えるのが普通だが、中には、立体幾何とか解析《かいせき》などの高等数学を教えるところもあった。当時は、数学の計算用具は算木《さんぎ》（和算に使う長方形の木片）とソロバンだけである。今日の筆算《ひっさん》はない。したがって公式も文章で書いてないから、頭で記憶する。だから、計算の痕跡は残っていないが、数学の水準はひじょうに高く、たとえば曲率《きょくりつ》計算、抛物《ほうぶつ》線計算、円錐《えんすい》、方錐《ほうすい》の体積計算、最後には楕円《だえん》計算まで、ソロバンだけでできるほどになっていた。

百姓であった玉川《たまがわ》庄右衛門《しょうえもん》、清右衛門《せいえもん》の兄弟が全長四三キロの玉川上水を造ったり、あるいは、やはり百姓で静岡県深良《ふから》村の名主、大庭源之丞《おおばげんのじょう》が用水トンネル・箱根用水（一六六六年着工、七〇年完成）を造ることができたということは、民間の教育機関であった算学塾が、いかに高度な教育をしていたかということでもあろう。

こうした事実からも、百姓は文字が読み書きできなかったというのは、間違っていると思う。外国と比較できるはっきりしたデータがないのが残念だが、おそらく江戸時代の日本は、世界でいちばん文字普及率の高い国だったと思う。

先述したように、寺子屋や私塾の種類をあげればきりがない。だが、ここで大切なことは、こうした小さな経営の塾的な教育機関、つまり、私経営の寺子屋という概念に入る私塾教育機関が、国家経営ではなく、まさに庶民の手で作られた庶民のものだったということ、それが大切なことである。

1章で述べたように、百姓、町人が自らの救済制度は自らで作る——そうした自治的統治があって、教育もまた、自治的に行なっていたということである。

為政者《いせいしゃ》という上からの力に頼ることなく、自分たちの必要は、自分たちの力で——

いうならば、下からの力で相互救済も教育も行なっていたということ——これが大切である。それを私たちは、政治力が貧困だったからと説明してきたが、これは政治力を必要としないほど、百姓、町人、職人たち、つまり庶民が自立していたと考えるべきであろう。

当時の為政者である幕府は、ただそうした庶民の持つ自治的組織力を利用して、それを制度化したり、都合によって援助することで、すでにある庶民の自治力の上に、タテ割りの組織を乗せたにすぎない。

一般庶民が文字の読み書きができる、あるいは医学ができる、計算ができるということは、幕府にとっても、行政上の利点がたくさんある。たとえば、法律命令書の伝達が早く行なえるとか、武士に寺子屋の開設を奨励することで、失業救済になるとか、さまざまである。

民間の教育機関について、幕府が行なったことといえば、ただこれを奨励し、営業税をとらないということだけであった。しかも、寺子屋の発想自体も、すでに庶民が自らの生活の知恵として持っていたのだから、極論すれば、為政者は自立心の強い日本の庶民の上に、ただ乗っかっていたにすぎないともいえるのだ。

「個性の開発」ということでは、現代より優《すぐ》れていた

教育というものの理想からいえば、「何を必要とし、何を学ぶか」は為政者が上から押しつけるものでもなく、為政者に頼るべきものでもなく、庶民が自ら選んでいくべき性格のものだと、私は考える。

江戸時代の国学者に平田篤胤《ひらたあつたね》という人がいる。彼は秋田の農民だが、江戸に出てくる前は、何の教養も持っていなかった。

そういう人のために、絵地図や絵心経《えしんぎよう》や絵文字があることは述べたが、それしか読めないということは、ひじょうに恥ずかしいことだと、当時の日本人は考えた。当時は、文字を憶えることを義務とか、為政者からの強制によって行なったわけではなく、自分自身の問題、あるいは親のアドバイスという、私的な行為として行なったのだから、できないということは、自分の問題であった。自分がどう生きるか、という問題とかかわりあっていた。

そこに、自ら選ぶという自立心が育つ。

平田篤胤は、秋田から出てくると、江戸の駿河台《するがだい》で風呂焚《た》きをやる。その風呂焚きの火の明《あか》りで『源氏物語』五十四帖《じよう》を写しとって、やがて国学を修め、ついに平田塾

という塾を開設する。

平田塾は、多いときには内弟子が二千名もいる。一人の先生に二千名の生徒といえば、今日でも考えられないほどのマスプロ教育だが、それだけの人徳があったのだろう。それは多分、平田篤胤が教育というものの理想を、自ら実践した人だったからである。

今日では、教育機関がはるかに完備し、教育の大切な問題である機会均等ということも、制度上は確かに完備している。けれども、教育のもうひとつの大切な要件である「総合的な個性の開発」という意味では、江戸時代のほうがはるかに自由だったと思われる。

今日では、自分が何を学ぶかについて、早い時期に選択しなければならず、そのレールに一度乗ると、なかなか他のレールには移れない。学問の発達が、同時に、学問の分化、系列化をもたらしたからである。それが、結局、総合的な人間開発という大切なものを失わせ、したがって、個性の開発が片寄ったものになるという結果になった。

社会生活の発達が分業化を促進し、教育が総合的な人間を開発していくことよりも、分業化に対応して、部品的人間開発を急いできた結果とも考えられるが、それが果たして幸せかどうかは、よく考えてみる必要があろう。

寺子屋の月謝は二千五百円くらい

江戸時代は、社会的な背景も異なるが、教育では多くを教えなかった。その結果、個人個人がそこから先を選択できる自由もあったのである。

当時の寺子屋や私塾の一日の授業時間は、大体、二、三時間という短いもので、休日は月二回、一日と十五日である。

月謝は二朱《しゅ》、当時の一両を現在の二万円と考えれば、二千五百円である。住み込みの弟子は、家の雑用を手伝う代わりに、授業料はタダなのと、手伝いをしないで食費を払うのとがあった。したがって、弟子を住まわせるような大きな私塾となると、師匠は、相当の収入がなければ生活できない。そのために、各藩のお抱えになったりする。

藩は家禄《かろく》を出して援助する。その禄が住まわせている弟子の生活費となり、師匠の生活費は授業料というのが一般的であった。

小さな私塾や寺子屋の師匠は、月二千五百円ぐらいの授業料だけで、百姓や町人、職人の中に混じって生活していたようである。

今日の日本の教育の中には、職業教育、技術教育というものがあるが、江戸時代には、これに当たる教育施設はない。

職業教育や技術教育は、一般の基礎教育にくらべて、はるかに体験教育的要素が強いから、すべて徒弟制度の中で教育される。

江戸時代より時代はさかのぼるが、京都の三十三間堂《さんじゅうさんげんどう》に一千一体の千手観音《せんじゅかんのん》が安置されている。この観音の作者は、鎌倉時代の運慶《うんけい》だと考えられている。

けれども、一人の仏像彫刻師、これを仏師《ぶっし》というが、一千一体の仏像を彫るなど、常識的にいって無理である。

事実、調べてみると、運慶と署名してある仏像は、三体しかない。しかも、三体とも同じ形をしている。

ということは、運慶先生がお手本を作り、それをバラバラに解体して、弟子たちに部分品を作らせたというのが、いちばん無理のない考え方である。

つまり、一千一体の仏像は運慶の作品ということではなく、運慶工房の作品だと考えていい。それでなければ、二七年間に一千一体もの仏像ができるわけがない。したがって、今日のテレビの組立て工場みたいなもので、ベルトコンベアこそなかっただろうが、マスプロ生産をやったわけだ。

運慶は秀《すぐ》れた仏師であったと同時に、秀れた経営能力の持主だったと考えていい。

技術的には、江戸時代の刀のほうが古刀より良い

こうした量産の必要性は、江戸時代になるとさらに強まる。大量の建造物、大量の金物製造が必要になると、師匠は自分の家で雇っていた使用人に職業教育をほどこして、手助けをさせ、馴れてくると、やがて独立させて、自分のギルド員（自分に属する組合員）を作る。こうして、師匠は自分の傘下《さんか》の同業組合員を増やし、自分の勢力を伸ばす。それが親分である。親分に対して、彼に養成された者が子分である。その結果、親分子分という擬制《ぎせい》家族名称でもって、技術伝達者の系譜ができていく。それが大きくなってくると、さらに同じ系譜内の徒弟同士が競《きそ》いあって、お互いに技術を練磨していく。

結局、徒弟制度というのは、ある師匠を頂点とする同業者集団同士の生活保護と技

術競争、もうひとつ、同業者集団の中の徒弟同士の技術競争という、二重の競争制をとっているわけである。その結果、日本の職人技術は大変な進歩をとげる。

徒弟制度の弊害《へいがい》として、つぎのようなことがよくいわれる。ある師匠は、他の師匠の徒弟に対して絶対に技術を教えない、就職の世話もしない。したがって、徒弟たちはお互いに技術を交換することができないし、自分の師匠を離れて生活ができない。その結果、技術や生活のヨコの連帯が育たず、セクト化をもたらす。

けれども、これを逆から見ると、必ずしも弊害とはいえない。技術のヨコの交流がない代わりに、師匠は自分の弟子に対しては、それこそ一対一で、手をとって教える体験学習をやる。しかも師匠と徒弟は、二十四時間を一緒に生活する。したがって、徒弟たちは、言葉では表現できないような技術の伝達を受けるし、さらに人格的影響も受ける。職人としての生き方のすべてを、総合的に教育してもらえるわけだ。さらに、師匠は自分の弟子に対しては、責任をもって生活の保障をするわけである。

江戸時代の刀剣は、新刀《しんとう》といわれる。新刀は実用性を失って重くなり、むしろ観賞用の装飾品となる。けれども、技術的に見れば古刀といわれる江戸時代以前の刀を、はるかに凌駕《りようが》するような刀剣も生まれている。

とくに刀の部品である鍔《つば》などには、江戸時代の職人技術が結集されている。たとえば、広鍔《ひろつば》といって、厚く鍛《きた》えた鋼鉄の板に、鏨《たがね》一本で透《すか》し模様《もよう》を彫《ほ》ったものがある。糸のように細い剪線《せんせん》が、鏨というノミ一本で彫り抜かれている。この驚嘆すべき技術は、まさしく徒弟教育の結晶ともいえるもので、書物や教科書によって学べる技術ではない。

すぐれた体験教育法だった徒弟制度

染色技術、織物技術もそうである。

日本の代表的な伝統工芸のひとつとされる友禅《ゆうぜん》染め、たとえば、この染色技術は、文字を通してマスターすることは不可能である。

型紙を美しく截《き》り抜く技術や、もち米や小麦粉を使った糊《のり》で、布地に模様の輪郭《りんかく》を描く技術、この技術だけでも、実は気の遠くなるようなテクニックが必要なのである。具体的には、この粘りけの強い糊を、細い棒の先につけて、少しずつ伸ばしながら描いていくわけだが、よほどの修練を積んでいなければ、糊が厚くなったり、あるいはムラができたりして、とてもあの美しい友禅模様はできるものではない。

それ以外にも、「どの色でどう染めれば、何日目ごろにこういう色で発色する」とか「どのくらいの温度で蒸《む》せば、色が定着する」とかの技術は、やはり師匠の経験の中に蓄積されているものである。

これらの技術の伝達は、徒弟が経験をナマの形で体験学習することによってのみ、可能だったのである。

そして、こうした人たちが、日本の技術方面の文化を守っていたのである。

これは絵画の世界でも同じである。今日、芸術品となっている作品を制作した職人が果たして、自分を芸術家、作家だと思っていたかどうかは、きわめて疑わしい。

彼らのほとんどは、作品に画工と署名している。そして、彼らは装飾絵画を一生けんめい描いている。彼らには芸術家という意識はない。

今日の絵画は、芸術家としてのその人一代の作品である。江戸時代のそれは、彼自身の才能と、彼に至《いた》るまでの何代かの技術的蓄積とが、プラスされて創《つく》られたものである。

当時、必要だったのは芸術品でなく生活美術品である。だから、作品に対する発想そのものがちがう。したがって、両者を比較すること自体ムリである。けれども技術的完成度という意味では、徒弟制度による習熟のほうが、今日の学習法よりはるかにすぐれている、といえる。その代わりに、芸術品としては個性に欠ける。徒弟制度における個性は、集団の個性である。今日的な意味での個性ではない。そういう意味では、現代作家の作品のほうが、はるかに個性的である。

けれども、学校教育という制度では伝達できない技術を伝達し、日本の工芸技術文化を作りあげてきたのは、徒弟制度という職業教育制度だったと思う。

今日、建築技術が近代化、画一化して、すでに純日本建築を建てる技術を持つ大工職人は少なくなった。その背景には、そうした需要が少なくなったという理由が第一にあげられるだろう。しかし、その一方には、建築界において、徒弟制度という職業教育法が解体しつつあり、技術の伝達がとぎれつつあるという現実がある。

こうした職業教育方法の原型は、実は石器時代にさかのぼる。狩猟とか漁業では、動物に対する人間の経験的な「勘《かん》」が重要視される。それは当然、親が子に、あるいは長老が若者に、狩猟や漁業を行なう現場において、修得させていったものである。すなわち、自然の中で生きる人間の経験的な知恵の伝達が、徒弟制度の原型なのである。

今日、徒弟制度は、封建社会の残滓《ざんし》として解体しつつある。それにかわる技術教育の場として、職業専門学校ができている。けれども、体験学習をいちばん必要とする医学が、インターン制度などとして、一種の徒弟制度を残しているように、体験的技術伝達を必要とする分野においては、もう一度、江戸時代の体験学習というものを、見直してみる必要があるだろう。

徒弟制度が前近代的だからといって、体験学習そのものも前近代的と考えて、軽視することは賢明ではない。現に私たちは、社会人として自立していく過程で、電話のかけ方一つにしても、先輩たちから体験学習しているのである。

僧侶の生涯教育であった禅問答《ぜんもんどう》

「問答《もんどう》」とか、「禅問答」という言葉がある。この言葉の上に「頓知《とんち》」という言葉をのせて「頓知問答」といえば、笑い話になる。だが本来、「問答」は禅宗の僧侶にとって大切な登第《とうだい》試験であった。江戸時代には、試験というよりも、生活をかけた果たし合いのようなものである。

仏教における教育は、各宗派ごとに教義がちがうから、宗派別に学校を持っていた。

江戸でいちばん古い仏教の学校は、現在の港区麻布《あざぶ》にあった栴檀林《せんだんりん》であり、開校は江戸時代の初期で、昌平黌《しょうへいこう》より古く、今日の駒沢《こまざわ》大学の前身である。

日本でいちばん古い学校は、鎌倉時代に親鸞上人《しんらんしょうにん》が開設した京都の大谷《おおたに》檀林で、現在の大谷《おおたに》大学の前身である。

このように、仏教は各宗派ごとに早くから学校を持ち、僧侶の教育に力をそそいだから、彼らの教養はひじょうに高かった。とくに、寺子屋のところでも述べたが、僧侶たちが日本の庶民の文化向上に果たした役割はひじょうに大きい。

問答というのは、檀林で教養を積んだ禅宗の僧侶たちが、最後に受ける試験である。しかも、この試験は一回受けたら終わりというものではない。

たとえば、寺の住職のところに雲水《うんすい》と呼ばれる修行僧が来て、問答を申し込む。すると断わるわけにはいかない。住職は住民を集めて彼らの監視下で雲水と問答をやる。もし、住職が敗れたら、彼は寺を雲水に引き渡して寺を去らなければならなかった。だから、よほどしっかり勉強をしていないと、生活まで奪われるのである。

江戸時代の宗派の中では、禅宗だけがこのような修行をやった。そのおかげで、禅宗の僧侶はひじょうに教養が高く、文字も当然、上手だった。問答が、いわば生涯教育の役割を果たしたからである。

今日でも、臨済宗《りんざいしゆう》だけは修行としてやっているようである。

吉川英治《よしかわえいじ》の『宮本武蔵《みやもとむさし》』に出てくる沢庵和尚《たくあんおしよう》は、実在の人物で、寺をたくさん持っているが、自分は雲水をして、寺荒らしをやっていたことで有名である。雲水をして、寺を見つけると問答を申し込む。沢庵はえらい坊さんだったから、だいたい勝つ。勝つと名目上、寺は自分のものになる。そこで沢庵は、元の住職を小僧にして、寺をあずけていくのである。沢庵和尚は、問答という制度を借りて、地方へ散った僧侶たちの再教育をやっていたともいえるだろう。江戸時代にあった教育制度のひとつである。

お茶や生花《いけばな》は、花嫁修業ではなく社会教育だった

私たちの教育の中で、もっとも身近で大切なものに、社会教育がある。

社会教育の特徴は、年齢、性別に関係なく、生まれたときから死ぬまで、自分自身のために勉強する生涯教育といえるだろう。

したがって、社会教育は一種の精神教育で、江戸時代では「遊芸《ゆうげい》」がこれにあたる。

お茶、生花《いけばな》、琴《こと》、三味線《しやみせん》、小唄《こうた》、長唄、あらゆる芸事《げいごと》もそうである。これを芸事教育ともいうが、芸を修得するという行為を通して、社会生活を円滑にする技術と精神を学んでいくわけである。

今日では、これを花嫁修業と思う人もあるが、こうした意識が生まれたのは江戸時代である。ただ今日では、結婚するときに、お茶とか生花の免状を持っていくという形式的なものになっているが、江戸時代にはそうではなかった。

芸事教育を受けることによって、礼儀作法を学ぶ。冠婚葬祭のときの礼法《れいほう》、日常の立《た》ち居振舞《いふるま》い。女性が家庭の中心として、家族全体の調和や社会生活との調和をとっていく方法を学ぶのが、花嫁修業である。

だから、男性の職業教育にあたるものが、花嫁教育だと考えてもいい。

たとえば、女性が花嫁教育としてお茶を学ぶということには、いくつかの目的があった。一つには、礼儀作法の修得である。二つ目には、静かな安定した心を修得すること。三つ目が、教養を身につけることである。

江戸時代の芸事教育の中で、今日、あまり盛んでないものに、歌学塾《かがくじゅく》というのがある。これは『万葉集』以来の『古今集《こきんしゅう》』『新古今集』など、二一種類の勅撰《ちょくせん》歌集《かしゅう》が教科書である。これらの歌を読んで解釈しながら、最後は自分でつくれるようになっていく。したがって、文字の読み書きができるようになっていく。

江戸時代の花嫁修業は、社会生活を営んでいくうえで、ひじょうに実用的な目的を持っていたのである。

ところが、江戸時代の中期になると、この自主的だった修業が、花嫁としての必要条件になってくる。その結果、世界に例のない家元制というものを生むことになる。花嫁修業として、お茶を修《おさ》めたという証明書、言い換えれば、「資格証明書」を書く人として、家元制が発生してくるのである。

さらに、その家元を中心として弟子が構成される。そこにまた、共同体家族思想が生まれ、やがて今日の姿になってくる。

家元制度の発生は、茶の場合でいうと、元禄年間（一六八八〜一七〇四年）を過ぎてからである。それまでは、××流などという言葉はない。流という言葉を使い出すのは、剣道の流派ができた影響である。

剣道も、戦国時代には流派はない。寛永《かんえい》年間（一六二四〜四四年）ぐらいから太平の世となり、剣道が、実戦の技術としては無用になり、スポーツ化すると流派が生まれる。

お茶の場合も同じで、室町時代から戦国時代にかけての十五、六世紀には、「流」などというものはない。千利休《せんのりきゅう》も、自らを千家《せんけ》流などとはいっていない。

彼が死んでから、三人の子孫が表《おもて》、裏《うら》、官休《かんきゅう》の三つに分かれて三つの千家をつくる。すると、その三千家《さんせんけ》と、利休の弟子たちの子孫が、各千家流のほかに遠州《えんしゅう》流とか有楽《うらく》流という武家流派をつくるようになったのである。

生花《いけばな》についていえば、家元ができたのは幕末であって、まだ江戸時代のはじめにはなかった。

こうして、家元制度ができた結果、芸事教育は、社会教育としては形だけのものになり、実用的な目的を充分に果たせなくなり、かえって封建的な悪い面が出てきた。それは、先述したように、現実社会に対応していく柔軟さを失ってしまったからだ、といえよう。

生きるための礼法を教えた小笠原流《おがさわら》

「三つ子の魂は百まで」という言葉がある。これは、私たちが生きていくうえで、家庭教育というものがいかに大切か、ということを教えているようにも思う。

小津安二郎《おづやすじろう》という映画監督の作品に、「小早川家の秋《こはやがわけ》」というのがある。この映画の中で、オールド映画ファンには懐かしい女優、原節子《はらせつこ》が「人間の品行は直せても、品性は直りませんものね」と、なにげなくもらすシーンがある。

家庭での教育は、「躾《しつけ》」という。躾という文字は、和字（国字《こくじ》）、つまり日本人の製作で、文字どおり美しい身、すなわち、美しい言動を指《さ》している。

人間は、生まれたときは野生の動物と同じである。したがって、躾とは野生の動物に、行動の方法を決めて馴れさせることである。

子どもたちは、家庭生活の一員として、社会生活の一員として、快《こころよ》く迎えられることが必要である。そのために家族が、野生の子どもにものの考え方や、言行動作を教え、調教していく。これが躾である。

具体的にいえば、躾の基本は、もし封建社会であれば、封建社会の社会生活の習俗に馴れさせ、訓練することである。その時代の人間関係をスムーズに生きるために、どういう発想をし、どういう行動でそれを表現し、どういう礼儀作法や言葉遣いで対応するか、生活上の基本的知識を教えることが躾である。

端的にいえば、躾を、礼儀作法を教えることと言い換えてもいい。

江戸時代には、「小笠原流《おがさわら》」という礼法が、江戸幕府の礼法として採用された。日本の礼法としては、小笠原流のほかに今川流《いまがわ》、伊勢流《いせ》という礼法がある。武家礼法と公卿《くげ》流礼法とに分けられる。小笠原流は、武家礼法である。これが幕府に採用されたために、武家はもちろん、あらゆる日本人の家庭でもこれを真似ることになる。

その結果、小笠原流は、現在の礼法の根幹《こんかん》にもなっているわけである。

小笠原流は小笠原貞宗《さだむね》（一二九一～一三四七年）という南北朝時代の武将によって創案されたものである。

礼法というと、いかにも古めかしいものに思われるが、要するにエチケットである。これに対して、日本人を含む東洋人は、ひじょうに古くから厳しかった。人間が社会生活を営んでいくうえで、政治や経済が大切であると同様に、人間関係を円滑にするための礼法が大切だと考えたからである。

ヨーロッパ近代思想の中には、少なくともエチケットを政治や経済と同列におく発想はない。

したがって、私たちの耳には「江戸幕府が小笠原流を礼法として採用した」と聞いても、五人組制度を採用したと同じ程度の重要性を持っていたとは、考えにくいかもしれない。

けれども、自動車を運転するときに、日本では道の左側を走るといった法規がある。それと同じ次元のものだというと、理解しやすいであろう。ただ、礼法の場合は、自主的に行なうのであって、別に罰則規定がないだけである。

礼法が変わるということが、どんなに大変なことかは、沖縄が日本に返還されたとき、右側通行が逆になるというので、大きな混乱になったことを考え合わせると、よくわかると思う。

江戸時代の躾《しつけ》は小笠原流が基本

小笠原流の断片を紹介すると、まず、道路や一般家庭の中では、左側通行である。殿中《でんちゅう》では、刀が抜きにくいように、右側通行になっていた。歩くときは、左足から進み出て、退《ひ》くときは右足から退く。

角を曲がるときには、半歩出していったん停止して、左足から進み出す。おじぎは「拝《はい》」というのが最敬礼、「揖《ゆう》」というのが半分体を曲げる略式。どういう場合に拝をするか、揖をするかも決まっている。今日の交通法規のように、実にこまかい規定がある。

けれども、これを守ると、交通法規を守るのと同じで、どんなに狭い家の中でも、交通事故を起こすことはない。また、ぶつかったときには、現場検証をやらなくても、すぐ、どっちが悪いかわかる。

礼法さえキチンと守れば、交通整理にもなるし、家の中の秩序も保てるのである。そういう意味では、礼法は生活が生んだ知恵で、ひじょうに合理的なものである。

江戸時代の躾は、だから、この小笠原流を行動秩序の根本として教える。今日の子どもに、横断歩道の渡り方を教えるのと同じに、両親、兄弟、他人に接する方法も含めて教えるわけである。躾のもうひとつの柱は、モラルである。

したがって、躾という家庭教育の根幹は、西洋風にいえば、エチケットとモラルである。

家庭教育の第二の目的は、社会生活に馴《な》れさせるために、それを教えることである。

る。そこで教材になるのが錦絵《にしきえ》、浮世絵《うきよえ》といった絵本、それに瓦版《かわらばん》、あるいは、お伽草子《とぎぞうし》的な童話である。

お伽草子、お伽噺《とぎばなし》の「伽」は人が加わるから伽という。つまり、母親などが子どもに添寝《そいね》しながら聞かせてやるお話、という意味である。

お伽噺をして、次に、その話を書いたお伽草子を見せる。それを今度は、文章で見せるわけである。この過程は、今日と同じだから、それを考えても、江戸時代に文字が読めない人は、そう多くはいなかったことがわかるだろう。

家庭教育で大切にされたものが、もうひとつある。それは教材はないが、大人が身をもって教える、年中行事と冠婚葬祭の方法である。七夕《たなばた》にはどんなものが必要で、どんな飾りつけをするとか、祖先の命日にはどんな法事をする、といった風俗習慣を子どもたちに体験させることで、憶えさせていく。

そして、寺子屋に行く頃には、だいたいの躾を終える。「外に出しても恥ずかしくない子」に育てるのが躾の根本理念であることは、江戸時代も今日も変わらないといえよう。

やがて、子どもが大きくなると、男の子は父親が、女の子は母親が、それぞれ生きるために必要な生活の知恵を教えていく。農家の男の子なら、田畑の耕し方、苗代《なわしろ》の作り方、魚の漁《と》り方。こうしたことを体験学習させていく。それが家庭教育である。

瓦版《かわらばん》を新聞の元祖とするのは間違い

文字の習得ということについて、日本がひじょうに有利だった理由の一つは、単一の言葉を話したこと。また、元来は、中国からの借り物ではあったが、早くから文字を持ち、しかも、カタカナとひらがなという表音和文字を創作することで、文字による意思疎通《そつう》を楽にしていたことなどが挙げられる。けれども、もうひとつ、たいへん大切なことに、江戸時代には、すでに「紙」が生活の中に浸透していたことが挙げられると思う。「紙座《かみざ》」という紙漉《かみすき》工や紙商人の同業組合ができたのは、一四〇七年である。

紫式部《むらさきしきぶ》が、世界最古の近代形式の小説『源氏物語』を書けたのも、紙があったからである。

西洋の場合は羊皮《ようひ》紙しかない。のちになって紙もひろまったが、グーテンベルクが印刷機械を発明したのは一四四八年だが、そのときに刷られた『四十二行聖書』をみると、日本紙を五、六枚重ねたほど、厚い紙である。

だいたい、便所で紙を使う習慣は、日本では平安時代からである。西洋で、便所で紙を使う習慣は、貴族の中の貴族階級で、それもブルボン王朝のルイ十三世ぐらいからである。西洋で、庶民が紙を使うようになったのは、ごく最近である。

文字を書く紙は、日本には早くからあった。ということは、民衆が文字というものに触れる機会が多かったということである。これが文字を早くから読み書きできた大きな理由になっていることは、充分考えられる。

江戸時代の瓦版《かわらばん》も、読み手があったから商売になったのである。瓦版は、新しい時事ニュースがあると、木版《もくはん》で彫るヒマがなく、二、三時間で焼ける粘土版に字を彫って焼き、そこに墨をつけて刷った。だから瓦版といった、という伝説があるが、これはまったく、間違いである。私はテストしてみたのだが、粘土版に字を彫って、墨をつけてみると、墨が瓦にしみ込んで、印刷することが不可能である。

粗《あら》い木版に彫って、急いで刷ると、いかにも瓦で刷ったようにムラのある印刷ができる。まるで瓦で刷ったような版だというので〝瓦版〟と呼んだのであって、本当に瓦に彫ったものはひとつも残っていない。残っているのは、すべて木版である。

さらに、時事問題を刷るから、新聞の元祖のようにいわれるが、これも間違いである。

今日、残っている瓦版のほとんどは落書きである。皮肉な政治、世相批判を狂歌《きょうか》、狂句に書いたもので、新しいニュースなどというものは案外少ない。だいぶ前のニュースを、やや小説風に編集したもの、それが瓦版である。

江戸時代の文化水準を証明する瓦版と貸本屋

ニュース性の高いものとしては、死者二千名を出した天明《てんめい》三年(一七八三年)七月の浅間山《あさまやま》大噴火のとき、翌日に瓦版が刷られている。以下、刻々と入ってくる周辺の状況を一日ごとに新しい版を重ねながら、被害状況を知らせている。しかし、これは一種の号外であって、全体の数から見ると、ニュース性のあるものは、約三分の一である。ほとんどは、世相や時代批判を落書き風に書いたものだった。

要するに、瓦版というのは一枚刷りで、街《まち》売りで、安価なものだったということである。街売りとは、行商のことである。本は座商といって店で売る。したがって、私たちは瓦版というと、すぐ、新聞の元祖だと考えがちだが、それは間違いである。なぜ、こうした間違いが起こったかというと、じつは、この瓦版は読売り瓦版と呼ばれていた。瓦版は、ニックネームである。そこへ読売新聞社ができたために、読売新聞のイメージが瓦版に投影されて、瓦版は新聞だと思い込んだのである。

「読売り瓦版」というようになったのは、行商人が、瓦版を売るときに、おもしろいところまでを少し読んで聞かせ、「これから先はお買いになったうえで……」という販売方法をとったためである。さわりをしゃべって「あとはお買いになったうえで」という方法は、街角の群衆が、かなり、文字が読めるという背景がなければ商売にはならない。

　これも、江戸市民が文字を読めたという、ひとつの証拠であろう。

　江戸時代には、「貸本屋」が繁盛する。日本では奈良時代に、石上宅嗣《いそのかみやかつぐ》の「芸亭《うんてい》」という世界最古の公開図書館ができていた。これは無料だったが、庶民のための公開図書館はなかった。江戸時代に幕府が、江戸城内西の丸に紅葉山《もみじやま》文庫を作るが、これも役人のためであった。したがって、日本では市中の有料貸本屋が繁盛したのである。

　当時、本は桜の木の木版で刷る。和紙に一枚一枚刷って、それを綴《と》じて一冊の本にする。だから、本はひじょうに豪華だけれども、また高価でもあった。当時のベストセラーというと、千部である。出版社では「千部祝い」というご祝儀《しゅうぎ》が出た。千部というと、一般の人々が個人購入するとすぐなくなる。それでベストセラーになったということは、個人購入よりも、貸本屋に売れたと思っていいだろう。『芸者梅暦辰巳園《げいしゃうめごよみたつみのその》』という本は、十冊ひと組で、買えば六、七万円もする。当時の貸本料は、一冊、七百円ぐらいだから、高いことは高いが、買うよりはよほど助かるわけである。

貸本屋の商法には、自分で天秤棒《てんびんぼう》をかついで貸して回る方法と、店貸しとの二種類があった。

貸本の種類はだいたい、文学である。内容はかなり低俗で、今日なら発禁になりそうなものも多い。事実、当時でさえ、発禁になったものもある。けれども、庶民にとっては、貸本は情緒的なものを満足させる機会として、大きな楽しみのひとつだったのである。

貸本屋という商売がたくさんあって、庶民がそれを利用したということも、文字の読めない時代では考えられないことである。

矢立《やたて》はすぐれた携帯《けいたい》用筆記用具

軍人の服装の装飾で、肩口からぶらさがっている三本懸章《さんぼんけんしょう》というものがある。この三本懸章がついている軍服は、指揮官のしるしである。指揮官は、作戦をねるインテリだから、文字を書くことができた。「私は文字が書けるぞ」という証拠が、実は三本懸章で、本来はエンピツを三本、肩から胸にぶらさげていたのである。

このファッションを最初に登場させたのは、ナポレオンである。ヨーロッパでは当時、まだ携帯用筆記用具であるエンピツが珍しかったのであろう。

エンピツがヨーロッパで発明されたのは、四百年ほど前である。大変な貴重品だったらしい。徳川家康が長崎に来た宣教師からもらってひじょうに喜んで、半分使って残したものが、今日でも静岡県久能山《くのうざん》の東照宮《とうしょうぐう》に残っている。これはおそらく、現存するものとしては世界最古のエンピツだと思われる。

また、携帯用筆記用具として、中国から矢立《やたて》がもたらされ、ひじょうに普及する。残っている矢立で最古のものは、八百年前のものである。江戸時代になると、金属で作ったさまざまな形の矢立があらわれる。江戸時代には、町人はもちろん、大工、職人など移動して仕事をする者は、みんな矢立を持っていた。

ナポレオンが権威の象徴のひとつとして、胸にエンピツを三本ぶらさげているのを見たら、日本の町人や大工、職人たちは、どう感じただろうか。彼らにとっては、当時すでに携帯用筆記用具は、日常生活用具の一部だったのだから。

3章　意外！　日本は古来〝ヨコ社会〟が土台だ

――タテ割り社会を、ヨコ割りの上に重ねた日本の社会

封建的《ほうけん》とは、悪いことの同義語なのか

私たちの会話の中には、「それは封建的《ほうけん》な考え方だ」とか「封建時代の残滓《ざんし》が……」といった言葉がよく使われる。前者の場合は一種のきめつけとして使用されるし、後者の場合もあまりいい意味にはとられない。極端な言い方をするなら、封建という言葉は〝悪い〟ということの同義語として使用されるようだ。

たとえば「親孝行」は封建的発想とされるし、「会社への忠誠心」となればもう封建時代の残滓どころではない。噴飯《ふんぱん》ものとされる。

だからといって、私は、もちろん封建時代にあった社会組織とか道徳秩序がすべてよかったと言おうとしているのではない。親孝行ということについていえば、これが、外側から強制されたものとして「……するべきだ」という形で行なわれるのなら、私はむしろ、まったく意味がない、やらないほうがましだとすら思う。また今日のギブ・アンド・テイクというか、損得関係というか「産んで育ててやったのだから、当然、お返しはするべきだ」という発想から親孝行を語ることも、まったく感心できる考え方ではない。

猿の生態を見ていると、親猿が病気をすると、エサを拾った子猿がそれを親猿のと

ころへ持っていくという。これが親孝行である。

生きものとして、親子の人情として、自然に発露《はつろ》する行為がまず根底にあるからこそ、親孝行なのである。

およそ、人間の社会というものは、こうした自然発生的な情操《じょうそう》とか、習慣がベースとして組み立てられ、成立していくものなのだ。

ことに同一の言語を話し、異民族の支配を受けたことがない、日本の社会組織の中には、よく見ると、今日でも私たちをうなずかせ、反省させるものがたくさんある。

もちろん、それは封建社会である江戸時代でも同じことだ。

封建社会に肯定されたものだからといって、すべてよくないとする態度は、これもまた現代から見た、封建時代に対する偏見である。

日本の社会は、タテ割り社会であるということがよくいわれる。人間関係において、ヨコの連帯意識よりも、タテの支配意識が強い社会だという見方である。私はこれも認めたいと思うが、それだけが日本の社会の形ではないと思う。いまひとつその下に敷かれているヨコの生活組織のあることを忘れてはならないと思うのである。強いヨコ社会の上に、タテマエとしてのタテ組織が重なる二重構造の社会ではないかと思うのである。

「士農工商」はヨコ割り社会をあらわす言葉

江戸時代に「士農工商」という言葉がある。これは江戸時代の人間関係におけるタテの支配、被支配の序列を示す典型として例にあげられるのだが、これはひじょうに疑問である。

むしろ、現実的には、武士は武士、農民は農民というようにそれぞれ職種別にヨコの連帯関係は明確にあるが、タテにつらぬかれた支配、被支配関係は制度以外には明確にない。

確かに、士である武士は、農工商に対して身分的社会的特権を持つ、一つ上の階級と思われていた。だが、これさえも支配者を出す階層と、その階層から見た重要さの序列であって、「タテマエ」的匂いが強い。

農工商にいたっては、この相互の間には何らの上下支配関係はなかった。むしろ、実質的にはいちばん下の商人が、武士を含めて経済的支配を行なっていた形跡が残っている。

士農工商という言葉は、だいたい、江戸中期になって、今日でいう社会学、経済学などを研究する学問が起こってから熟語化された言葉で、江戸幕府を開いた当時はなかった言葉である。

この中で、実質的な支配関係を持っていたのは農に対する士である。

武士階級の頂点に立つ領主は土地の支配権を持っていて、農民から租税として米を徴収し、それを武士たちに禄《ろく》として分配していた。けれども、この禄というのが、今日、私たちの考える給料とは大分違って、たいへん不自然なものである。というのは、禄は全部、家禄《かろく》といって家の所得収入である。本人の勤労所得ではないし、家族人員とも関係がない。扶養家族が増えたから禄が増えるわけではない。

しかも、幕府の開墾《かいこん》奨励によって、どんどん新開地ができたり、農業技術の進歩で米の生産量が増えると、米の価格が下がる。家族人員は増える。こうなると一番困るのは、生産者の農民でなくて、実は完全消費者であり、搾取《さくしゅ》者であるはずの武士なのである。米の生産が増えたからといって、家禄が増えるわけではないからだ。

米の価格が下がり、反対に貨幣価値が上がるとなると、米という土地資本に立っている武士は、商人という貨幣資本によって立っている階級に圧倒されてしまう。

元禄を過ぎると「人間万事カネの世の中」なのに「武士は食わねど高楊枝《たかようじ》」で、武士は名目上の支配権しか持っていない。

経済上の支配関係は、一番下であるはずの商人が上にいて、武士はその下に入ってしまう状態にあった。士は確かに農を直接搾取し、支配したが、工や商に対しては、生活的には支配力はないに近かった。ましてや農は工を支配し、工は商を支配したなどということはなかった。ただこの区分は、職業上の区分であって、「身分」についての意識でも士商工農の順になっていた。

これではとても、士農工商というタテの支配関係が強固にあったとはいいがたい。むしろタテ割り的支配は、師匠と弟子、親方と子分、主君と侍、親と子、主人と使用人などの序列関係の中に認められる。しかし、これをヨコから見ると、武士は武士同士「相身互い」で助け合い、百姓は、百姓同士団結し、職人は職人、商人は商人同士で助け合うというヨコの連帯意識のほうがしっかりと見える。ただこんな状態の中では、家禄という言葉が代表しているように、家が単位であり、個人としての人格の認識の薄かったのは、今日から見て、きわめて不合理であった。

武士は名目上の支配者にすぎなかった

商人同士の同業組合は、さすがに実質的支配集団だけあって、全国の商人が連携して為替《かわせ》制度を作る。これは今日の銀行や郵便局のようなところがない時代だから、商人同士の信用をベースにしている。一商家が発行する為替切手を、遠隔地の商人がそれを現金として扱う。こうしたヨコの組織は商人の組合的組織がいちばん強い。

工である職人は、大きな工場を持って大量生産をやるわけではないから、ヨコの組織がいちばん弱い。製造者である傘《かさ》屋、提灯《ちょうちん》屋が組合をつくるほどでもない。まして全国的組織となると、江戸の提灯屋が大坂の提灯屋と提携する必要もないから、商人の同業組合のような組織ができるはずもなかった。それは組織的な企業にまで成長しない家内工業であったからである。

武士としては、結局、自らの転落を食い止めるためには農民を搾取するしかない。五公五民（米の収穫の五割が税で、残りの五割が農民）の租税が、六公四民になり、ひどい場合は七公三民にもなることがある。すると農民は、村役人の支配のもとに村の団結があるから、ときには一揆《いっき》という形で領主に対して反抗する。

一揆が多発するのは、自然条件の悪い、したがって不作のときがほとんどである。

一揆が起きると、領主は必ず弾圧する。結果は必ず、農民が敗《ま》ける。しかし、領主は勝つには勝つけれど、一揆を起こした農民をお定めどおりに処罰すると、米を生産する人間がいなくなってしまうから、それができない。結局、法をまげて、首謀者だけを見せしめのために処刑することになる。おまけにそれが多発すると、領主が家事不取締《ふとりしまり》のゆえをもって転封《てんぽう》や減封されることがある。

結果としては農民のヨコの団結はますます強くなる。こうなると、武士は、名目上の支配者の象徴である苗字帯刀《みょうじたいとう》（姓を持つことと刀を持ち歩ける権利）を切り売りする結果になる。

農民の中で大きい庄屋《しょうや》、名主《なぬし》は苗字帯刀を許される。すると身分的には形式上は武士になり、農民か武士か区別がつかなくなる。商人も武士から養子をもらったり、やったりする。そのかわり武士は商人に生活の面倒を見てもらうわけだ。幕末には、町人が武士たる権利を金で買うことすら少なくなかった。また、商人や農民の中で学問のできるものは〝士分〟として大名や将軍に仕え、学者として武士階級の中に入っていく。

こうしてみると、士農工商という熟語は、それぞれ、ヨコに連なった職種の分類的意味合いのほうが強い。そのうえ、おのおのが属する職種から解放される機会も持っている。そうなると、これはもはやタテ割り的階級分類ではなく、職種の名目上の序列（階層）といったほうがよい。

タテの支配関係がはっきりしている士農も、元は同じ農民で、薩摩《さつま》藩の侍や土佐《とさ》藩の郷士《ごうし》のように両方をかねている場合もあり、全体を見ると、江戸時代はヨコ割り社会だったといえよう。

それを幕府は、「タテマエ」のタテ支配で抑えようとする。だから確かにタテ支配・被支配はある。だが、現実的には、江戸封建社会は、封建的なヨコ割りの職種層の重複の上にタテ割り支配関係が乗っているだけだった、と見るほうが自然である。

じつは、日本の社会、日本人の人間関係がヨコの連帯感をベースにしているというのは、別の根拠がある。

五人組《ごにんぐみ》制度は、戦争中の隣組《となりぐみ》制度と同じではない

１章で触れた、江戸時代の五人組という行政組織と、刑罰の連坐《れんざ》制システムの組合わせは、江戸幕府が人民支配を強固にするために考え出した、極悪非道《ごくあくひどう》な支配制度だ

と考えられている。

五人組制度を、戦争中の隣組制度のように、単なる相互監視制度と理解すると間違いを犯す。確かに仲間のうちの一人が罪を犯した場合、仲間が一緒に刑罰を受ける。だから、お互いをよく監視することで犯罪を防止、告発することをねらって設けられた面もある。

こういうと、個人というものが社会の単位になっている現代社会においては、直観的に〝五人組相互間の不信感〟という感覚を喚《よ》び起こす。

つまり、「他人の罪のために罰を受けるのはかなわない」のであり、したがって「組の誰かが悪いことをしないかどうか心配で、よく見張っていなければならない」。そこにお互いが信じられないという不信感が起こるだろう。

これは人間関係を、もっとも残酷な形でスポイルする。ゆえに、これほど非人道的な苛酷《かこく》な制度はない――こう理解されるようだ。

だが、これは、裏を返せば、現代人がいかに相互信頼感という感覚を失ってしまったか、ということになりはしないだろうか。

かつて、日本の社会は水田農耕がベースになって成り立っていた。水田農耕の特殊性は共同開墾と共同灌漑《かんがい》、そして、水の共同管理という、すべて、個人労働でできない性格の農業様式だということである。

その点が蔬菜《そさい》栽培とか、果樹園芸と決定的に異なるところである。ことに畑作は灌漑というものを考えなくてもいい。

水田農耕の場合は、まず水利権とか水源確保が第一の問題だから、古い日本では村落共同体的な労働組織をもとにして、水田の開墾《かいこん》と管理、経営が行なわれる。

さらに、水田というものは均等な配水が必要である。だから、一枚の田をそう広大な面積にするわけにはいかない。ということは完全機械化による大農的な経営が不可能で、結局、ひじょうに狭い区域に区切って耕作するしかない。そういう関係で、日本の稲作農業の宿命というのは、労働の末端は機械化しても、欧米のような本格的な機械化ができないということである。

だから、全体として広大な水田を相手にするためには、共同体組織の中で行なうほかはないのである。苗代《なわしろ》の共同経営。苗代から苗の平等分配。ちなみに上田《うえだ》、本田《ほんだ》、山田《やまだ》などの姓は、この苗代の管理者の姓であることが多い。そして共同体の相互の水田共同植付。そして、収穫さえも、村人が共同して手伝って行なう。水田の所有権は各個別であっても、労働は集団組織的に行なう。この共同経営システムは江戸時代の末まで、かなり多くの農村でなされたものであった。

日本には、共同体を支配する共同体は存在しない

日本の農村は、米を主要生産物とするかぎり、こうした共同体を単位にしたうえに、社会の組立てをしたほうが楽なのである。ということは、ヨコに広がっている共同体をもとにして、それを単位にし、その組織を利用して、支配関係をつくるとひじょうに合理的だというわけである。

日本の古い言葉に、「一君万民《いっくんばんみん》」という言葉がある。君主は一人であって、万民は全部平等だという意識である。万民というのは農業共同体に属する人々のことを指している。

五人組という制度の発想の母体は、実はこれである。ついでながら五人組とは、必ず五人で一組ということではない。ふつうの場合は、水田農耕の共同体を下敷きにして、その中の向こう三軒両隣り、合計六軒を一つずつ単位に分けていくという考え方である。

したがって、五人組制は、古くは大化改新《たいかのかいしん》（六四五年）ごろの隣保《りんぽ》制の延長である。隣保の保は村という意味である。これは上下支配関係ではなく、相互共同関係である。

日本には、古くは共同体を支配する別な共同体というものは存在しない。命令をしたり、指揮をしたりする者は上に君臨しうるけれども、それは必ず個人、あるいは組織である。

ヨーロッパなどでは、侵略によって奴隷《どれい》をつくる。つまり、異民族を支配する。このとき、支配するほうも共同体をつくっているし、支配されるほうも共同体をつくっている。すると、民族のちがいというものが階級差をつくっていく。

エジプトの壁画を見ると、奴隷は黒く描いてあり、エジプト人は茶色に描いてある。ローマへ行くとローマ人は白に、奴隷は茶色に描いてある。

日本は古い混血民族で、同じ人種だから、特定グループ同士が支配し合うことはない。

同じ民族の中の、人と家が支配しているだけで、その家も同じ共同体の構成員なのである。だから、日本にはヨーロッパ的意味の決定的な階級差というものがない。

ただ、水田農耕は同じように作っても、たとえば、台風の風の吹き方で、一方の水田は稲穂が水につかってダメになり、もう一方は無キズということもある。すると、労働は共同体でするけれども所有権は別だから、それぞれの所有者の収穫高に差が出てくる。

たとえばこうしたように、水田農耕は畑作農耕にくらべて自然条件の影響を受けやすい。言い換えれば、水田農耕は資本偏在《へんざい》の傾向がひじょうに強くなる可能性のある産業である。その結果、恵まれた者が地主階級となって、その共同体を支配していくようになる。しかし、くどいようだが、その支配者も共同体の一員で、共同体の代表的性格が強い。

五人組は農民の相互救済制度

そういう日本の実態が、大化改新以来、少なくとも戦国時代まであって、それを上手に改変したのが、江戸時代の五人組制度なのである。

したがって、これは江戸幕府が、むしろ習慣としてもともとあったものを組織化したにすぎない。言い換えれば、慣習法《かんしゅうほう》を成文法《せいぶんほう》に変えたにすぎないのである。けれども、この〝すぎない〟というところが大変な知恵なのだ。

五人組制度を農民の側から見ると、その内容はもともと自分たちが必要としてやっていたことである。逆に、自分たちもそれを守っていかないと自滅するわけである。

私たちは五人組制というと、相互監視制、密告制のように感じる。だが、農民の立場になると、むしろ、この組織が確立しているほうが安全なのである。

刑罰だとか、納税だとかの連帯責任を仰せつけられる、賦課《ふか》される。というと、これを上から眺めたとき、確かに重いものだけ背負わされているように見える。けれども、下から眺め直すと、責任分散制でもある。一戸の家に起こる責任を五軒が分担するわけだから、責任拡散の制度なのである。

なにが裏長屋の人情を育てたのか

幕府は、こうして農村共同体をもとに発想した五人組制度を、都市の町人社会にも適用する。

この場合、五人組制度は農村におけるような生産上の実益がない。また、幕府も都市生活者に租税を賦課しているわけではないから、これは完全に犯罪や一揆の防止が目的と考えていい。

しかし、裏長屋に住む町人や職人側から見ると、不安定な都市生活から脱落して、犯罪者になることを防ぐために助け合うことを義務づけられたようなものだ、ともいえる。しかも、都市においては、農村の名主《なぬし》にあたるものとして、町役人や家主、大家が連坐の中に加わる仕組みになっているから、さらに相互扶助的色彩が強まる。

古典落語を聞いていると、よくこの大家さんが出てくる。だいたい、熊《くま》さん八《は》っつぁんは家賃の滞納者である。しかも、当時は年計算だから、大変な滞納者なのだが、それでも、熊さんたちの相談ごとに耳を傾けたりしている。

これを、今日の都会の大家さんと比較して「昔は人情が厚かった」と、それが古典落語のおもしろさのひとつになっている。しかし、その裏には連坐制という厳しい現実が横たわっていたのである。先述したように、大家は熊さん八《はっ》つぁんの身元引請人であり、親権《しんけん》代行者であり、一歩、間違えば連坐させられる身であった。親切にした、というのではなくて、親身にならざるを得ないから、人情が育ったのだ。

五人組という相互監視制が、不信感を育てたのでなく、裏長屋の人情を育てたのである。

今日、連坐制の刑罰が残っているのは選挙法の選挙違反に関するものだけだが、これを見ても、その広がり方はタテである。それは西洋の近代思想の発想自体が「平等」という形でヨコ割り的な志向をしながらも、じつはタテ割り的発想であることを示している。

親殺し、主殺《しゆう》しの刑は重かった

五人組の連坐制によって、いちばん苛酷《かこく》な刑罰を受けたのは、江戸幕府の封建体制がそれによって崩れるような事件に対してである。

それは、法意識が成長していなかったせいで、刑罰は罪の償《つぐな》いであり、社会への戒《いまし》めであって、犯罪者の再教育という意識がなかったからである。しかも個人としての人格を認めることが低いので、共犯者でないものまで組織員としての責任を問われ、連坐させられた。したがって、処刑法も一種の原始刑法で、極めて野蛮であった。

親殺し、主殺《しゆう》しは、江戸最大の重刑のひとつで『御定書百箇条《おさだめがきひやつかじよう》』によると、鋸挽《のこぎりび》きの刑に処せられる。公衆の面前で、公衆の手によって任意に首をノコギリで挽《ひ》かせるものである。実際には、刀で頸動脈《けいどうみやく》を切ってその血をノコギリにつけて擬装したようだが、罪人にうらみのある者の願いがあれば、ノコギリで本当に首を挽かせたこともあったらしい。

五人組の連坐制の中で、罪科は分散されるために重くはないが、とくに厳しく連坐制を実行されたものに幼児犯罪がある。

子どもの犯罪である。これに大人が連坐させられるわけである。子どもはしたがって一組の夫婦の子どもというより、町の子どもという意識が強かった。いたずらがすぎると、他人の家の子どもでも、厳しく叱る。

じつはそうすることで、子どもが社会から脱落するのを未然に防ぐのである。したがって、子どもはいつも誰かの監視下で遊んでいる。悪い事をするとすぐ注意されるわけで、これで充分、社会教育はできた。

そういう意味では、何をしても隣人から叱られない今日の子どもは、不幸である。充分な社会教育をされないということは、それだけ社会から脱落する機会が多くなるということだからである。

こうした親たちの連帯感は、すでに五人組というワクを越えてタテでなくヨコに広がっていることを示すものだろう。結局、農村共同体労働の形態から、必要によって発想された五人組と、連坐システムの刑罰の組合わせは、都市においては、全国から流れ込んで来る孤立した人々を、ヨコにつなぎとめる役割を果したのである。

　こうしたことが、私たちが非人道的としか受けとることができない五人組と、連坐システムの刑罰というものを、明治まで二六〇年の間、厳然と存在させた理由だと思うのである。

孔子《こうし》の儒教《じゆきよう》は、中国と日本では理解が違う

江戸時代に本居宣長《もとおりのりなが》（一七三〇～一八〇一年）という国学者がいた。彼は儒教《じゆきよう》を学び、のちに儒教を排して国学の基礎を築いたことで有名である。儒教というのは、中国の孔子《こうし》が主唱した思想体系である。

孔子は、新しい中国、中華人民共和国が、「孔子批判」という形で取りあげ、日本でもだいぶ話題になったから記憶している人もいるだろう。

「忠孝悌仁義礼智信《ちゆうこうていじんぎれいちしん》、明浄正直勤務追進《みようじようせいちよくきんむついしん》」などの、有名な道徳律を説いた思想家である。

　それを江戸時代の本居宣長が批判し、今日また、新しい中国が批判している。宣長

が、中国より約二百年も先んじて批判しているのがおもしろい。が、さらに興味深いのは、宣長と中国が批判している切り口には違いがあるが、突いているところが同じだということである。

すなわち、この道徳律につらぬかれている強固な上下関係のタテ割り意識である。孔子という人は中国の戦国時代（紀元前五世紀から前三世紀）の人で、周《しゅう》という王朝が滅びかけたとき、周の王が徳をもって立った人だったために、これを再興したくて、さかんに政治道徳を説いた。

つまり、周は天帝の命を受けてできた王朝だから正しい。天命によって自然の原理によって生まれた必然的王朝である。人間が利益と力でつくったような王朝は間違っている――これが孔子の論点であり、道徳律をつらぬいている骨子である。

孔子は天と人、自然と人を対立させて発想している。そして、天も自然も絶対正しい。人だけが間違える。天や自然が教える人間の正しい道はこうだ――と説くわけである。

これは、中国古代の原始封建制の道徳倫理観で、タテ割りの思想である。

そこを本居宣長も、新しい中国も突いたのである。

宣長は天と人、自然と人を対立したものととらえない。自然というものの中にいつも人間が入っている。人間の中に自然が入り込んでいる。つまり、人間の心は自然の原理だという。

ここには神と人間、自然と人間の上下関係というものがない。けれども、じつをいうと、これは古代から今日まで日本人が持ちつづけている自然観なのである。宣長は日本人の心をよく観察して、それを見つけ出して、言葉で表現することによって「それに気づくべきだ」と主張したのである。

私が、日本人の知恵と呼んでいるものの、「知恵」の、発動するところはこれである。

「忠」を引っくり返して「心中《しんじゆう》」とした近松《ちかまつ》

「忠」の原意は、「禄をもらうから忠を尽くす」である。劉邦《りゆうほう》という前漢《ぜんかん》王朝をつくった人がいる。彼は食客《しよっかく》といって、居候《いそうろう》を三千人も抱えていた。この三千人は、いざというときには、劉邦のために働くのだが、彼らはつねに「劉邦に扶養されているから、いざというときには尽くす」と言っていた。

日本の「忠」は、俸禄はもらっても、もらわなくても関係なく、お互いに誠意を表現し合うこと、とくに家族以外の目上に対して誠意を表現することである。

日本の「孝」は、動物が本能として持っているような、自然の摂理から発想する。仔《こ》犬でも、猫が親犬のエサをとりに来たら怒る。一生けんめい威嚇《いかく》してみせる。それが「孝」である。

『世間息子気質《せけんむすこかたぎ》』という井原西鶴《いはらさいかく》の小説は、年をとっているおばあさんが、自分でも充分自活できるのだけれども、わざと息子に世話になっている、という話である。これは育ててやったからお礼を受けるのは当然だとして、世話になっているのではない。自分は自活できるから世話にならなくてもいいのだけれども、孫がいる。自分が息子に世話してもらわなくてもいいというと、孫が孝行を忘れる。そう思って、一生けんめい世話になるという話である。恩義を返してもらっているわけではない。

近松門左衛門《ちかまつもんざえもん》の『曾根崎心中《そねざきしんじゆう》』は、奥さんが遊女の身請《みう》け金を調達するために、自分の持っている着物を全部、売って、夫のために身請けしてやり、それでは申し訳ないといって、男と遊女が死んでいく話である。

今日では「へんな女房だ」という人もあるかもしれないが、当時、大坂ではほとんどが番頭《ばんとう》さんを養子にしたのである。夫を選択したのは、妻で、しかも、表面上は夫が中心だが、じつは妻が家の中心にある。その夫に、惚《ほ》れた女ができたが、財産は夫の自由にならない。かといって、妻が財産を実際に動かしたら、それこそ、夫の体面にかかわる。そこで自分の着物を売って身請けをする。それは、妻が夫の不自由を本当に知っていたからである。だから、夫を愛すればこそ、好きな女を囲うくらいのことはさせてやってもいいではないかと思った。ところが、夫にしてみれば、妻は自分が忠を尽くすべき家の中心である。その妻の行動を通して、自分の忠を尽くしてない行為がわかった。それではすまぬ、というので相対死《あいたいじに》（心中）して詫《わ》びる。忠を尽くせなかったが、忠を捨てない気持ちが相対死というやむにやまれぬ行為だった。だから「忠」という文字を引っくり返して、「心中」と近松は表現したのである。

義は、お互いに対する約束を言葉でなく行動で守り合うこと。つまり、心の行動的表現を指した。

礼は、人間の秩序、行動的秩序である。

智は、孔子では教養や高い知識を持つことを指す。日本では、さらにその奥を探って「自然の原理にそむかず、それを理解すること」を智といった。

このように、道徳律とは、人と人との間を円滑に運んでいくために生んだ生活の知恵である。

私は、人間が生活秩序を維持していくために、法律があれば、それでいい、とは思えない。法律以前に、その国の人々が自分たちの風土や生活に則して育てた道徳律がなくてはならないと思う。

なぜなら、それは法律以前の人間関係の秩序の問題であって、法律だけなら適当に避けて通るとか、ごまかすことができるが、道徳律は自分たちが育て、自分自身に問うものであって、ごまかすことができない性格のものだからである。このごろ、法律さえ犯さなければ何をしてもいい、という風潮が見えなくもないが、そういう社会は、いくら物質的に豊かでも、真に豊かな社会とはいいがたい。

道徳律は人間があって、それをつくり、社会があって、それを必要とするものである。だから、社会の行動なり、性格が変われば、当然、道徳様式も表現様式も変わっていくものである。

そういう意味で、日本にも、言葉は中国の用法を借りたものが多いが、日本的な道徳律があったことを、ここでもう一度、確認しておきたい。

そして、これを叩《たた》き台として、このままでいいのか、他のどんな形に変えていくべきかを考え、現代社会の諸条件の中でもっとも望ましい形のものに再生産していく。それは、今日の私たち日本人の大切な宿題だと思う。

魂の再生産のために酒を飲んだ

「それでは今日はこれまでにして、一杯やりましょうか」
「そのうち、一度、ご一緒せなあきまへんな……」

日本人はこれが大好きである。酒の飲めない人でも「なぜ、ご一緒せなあかんのか」と問う人は少ない。

「日本における本当のビジネスは、オフィスでなくパーティの場である」と喝破《かっぱ》した西洋人がいるらしいが、日本人は何かにつけて「一杯やる」ことを少しも不自然とも、奇妙とも思っていない。

じつは、この「一杯やる」という感覚が、孔子の道徳律から、タテ割り意識を骨抜きにしたのである。

今日でもそうだが、神社の祭りがあると「神饌《しんせん》」というものを供《そな》える。魚、野菜、塩、米、そして酒。お祭りが終わると「直会《なおらい》」という行為が行なわれる。その意味は、神と人とが姿を変えて、そこで融合する行為をいう。

祭りのときには、神は「向こう」にあって、直会になると、神が人のほうに降りてくる。そこで人と神が合流する。それを「神人合一《しんじんごういつ》」といった。これをやると、正式に祭りが終わる。「直会」というのは、お供えしたものを人々が神と一緒に飲んだり、食べたりすることである。

今日でも、神社へ行って、ものを奉納《ほうのう》するとお菓子や食べものをくれる。それは、この直会の形を残すものである。もらったものをみんなで食べることは、神と一緒に食べたということで、魂が交流する。

この一連の行為が、日本人の連帯意識、共同意識の確認行為なのである。神にお神酒《みき》をあげて、人間も飲む。すると気持ちが愉快になったり、はしゃいだりする。これを古代の発想では「宴《えらぎ》」といって、心が浮き立つことをいう。

じつは酒という言葉の語源も、心が栄えるから栄（さけ）で、元気よく発動する、生き生きと動き出すことを指している。

今日では、それを化学反応と考えて、肝臓を通して吸収されたものが、血管を通って脳細胞に入り、意識や欲望の拘束を鈍化させて……と説明するが、元来日本人は、そんなことのために酒を飲むのではない。

酒を飲むと気持ちがよくなる。中には暴れだす人もいるが、だいたいはうきうきしてくる。その状態を、古代人は化学反応でなく、「酒を通じて神が人の中に入って来た」状態だと考え、それを「神がかり」の一種と思った。その結果、人間の欲望とか名誉心などでゆがんだ精神が洗い直され、自然な状態に還《かえ》ると考えた。これは魂の再生産である。

したがって、日本人が酒を飲む目的は、神がかりして自然な心に還《かえ》るためであった。自然の心、神の精神を体に受けとるために飲む。

「一杯やる」と、仲良くなれる日本人

日本の「神」というのは、いつも純潔で楽しくて、明るいばかりである。仏教には、暗い仏がいる。ユダヤの神には、悪神がたくさんいる。日本の神には、神意にそむくと祟《たた》る神はあるが、本質的な悪神がひとりもいなくて、すべて、人間を幸せに楽

しく明るくしてくれる。そういう意味では、ひじょうに気楽な信仰なのである。

そして、同じように飲み、同じように楽しみ、同じものを食べ合った、ということが、神を媒体にして、魂を共通に持ち合ったという同族意識の確認行為であり、日本の祭りの意義であり、日本の祭典とか、宗教の原義である。

「一杯どうですか」というのは、じつは、一緒にうきうきと神がかりして「魂をわかちあい、意識を共有しましょう」ということであり、「一度、ご一緒せなあきまへんな」というのは、連帯意識を確認したいという、じつに日本人らしい無意識的な願望の表われなのである。

この考え方は、日本人でないとなかなかわからないが、その底流には日本古代からの信仰——つまり、共食信仰《きょうしょくしんこう》があったからだ。

中国でも西洋でも、同じように宴会をやるから共食信仰があったかというと、そうではない。中国の場合は、「酒をすすめた」という行為、それを「受けた」という行為に意味がある。そこで連帯感を確認する。受けた杯はどんなにきつい酒でも、全部、飲み干さなければ、確認行為が完了しない。だから、飲み終わると、「全部、飲んだ」、すなわち、すすめられた行為を全部「受けとめた」という証拠を見せるために、杯を逆さに振ってみせる。それではじめて連帯感の確認を終わる。つまり、共に飲み、共に食ったということに重点があるわけではない。

日本の場合は、ちょっと口をつけるだけでも、共に飲んだということがあればいいのである。酒の強い人もいれば、弱い人もいる。それに逆《さか》らわないのが自然であり、あるがままに自然であることによって「心が浮く」。それが神がかりであって、魂が再生産される。それを認め合うことで連帯意識を確認する。

それを示しているのが三三九度《さんさんくど》である。三三九度で花嫁がガブガブ飲む必要はない。少し口をつけることによって同族意識がちゃんと確認されるのである。

西洋の場合は、お互いに酒をつぐこともない。好きな量だけ勝手に飲む。酒を媒介にして連帯意識を確認するという習慣はなく、むしろ遊びとして、一緒に楽しみ合ったことを重要視するようである。

結局、日本人は、信仰自体は忘れている。けれども、無意識であれ「ちょっと一杯……」で仲良くなれるという、外国人には理解できない奇妙なことをやってのけるということは、無意識のうちに古代が残っているということかもしれない。

おかずを隣りの家に分けるという、美しい日本の風習の精神

共食信仰がさらに形を変えたものに、日ごろ、自分たちが使っている食器に、自分の食べているものと同じものを入れて、他人にあげるという行為がある。

自分がおいしかったから、あるいはおいしくできたから、「あなたもおあがりなさい」といって同じものを食べあう。

これも、日本固有の人間味あふれる共同体の連帯意識的行為である。

田舎へ行くと、今日でも、おかずを作ると近所に配《くば》って回る習慣が残っている。餅《もち》、饅頭《まんじゆう》、御萩《おはぎ》を作ったから、といって配る。

この行為は日本だけではない。私がヨーロッパにいたときのことだが、「自分でパウンド・ケーキを焼いたから」といって近所に配っているおばさんから、私ももらったことがある。

「どう？　上手に焼けてるでしょう」とうれしそうに自慢して、私が試食するのを見ている。それで、私は「これは日本の、おかずを分けあうという風習とはちょっと違うな」と思った。

日本の場合は——そのケーキはなかなかおいしかったが——自分で上手に焼いたと

いうことが自慢ではなくて、ヘタであっても、自分が食べるものを一緒に食べさせてあげる。それが共同体の一種の責任であり、それを繰り返すことによって、共同体意識を再確認し合っていく。そこが大切なのである。

そういう習慣が生きている間の日本の社会は、ひじょうに平和で、穏《おだ》やかで、私はこれが日本人の本当の村とか、あるいは同族、家族というものの考え方だったと思う。

共食信仰の生んだ「ちょっと一杯……」にしろ、副食品を自分たちのお皿で上げる習慣にしろ、こういう風習というものを持ちつづけているかぎり、近代思想のいう、タテ割り的意識が、日本の風土に定着し得るとは考えられないのである。

むしろ、そういう近代思想によって、日本の社会が近代化し、エゴイズムというものが定着しようとするために、日本人が本来持っていたヨコ割り的思考や、風習が駆《く》逐《ちく》されていっているというのが実情ではないだろうか。

日本人が、古代から外来文化を取り入れ、それを質的に再生産していった知恵が、これからも近代思想を消化して、バランスの取れた新しい日本的思想を作るだろうと私は思う。

両親と息子夫婦が同じ屋根の下で暮らしながら、炊事場《すいじば》を別々に造り、食事を別に作るという様式を「若い者と年寄りでは食事の好みが違うから」といった理由で良しとし、それが新しい生き方だと納得する今日の日本人の姿もそれはそれでよいと思う。共同体から個人へと社会が変わってそうなるのだろう。しかし食事の好みをゆずり合い、相手を思いやるところに、知恵が生まれ、伝達され、ヨコ割り的な連帯意識も育つのである、という思いだけは忘れたくないと思う。

一歩ゆずって、炊事場は別々でもいいから、お互いに、おかずを交換する——これは先述したように、たとえ、口に合わなくてもいいのである。その気持ちが大切なのである。そこに連帯意識が芽生《めば》えることを覚えておきたい。

西洋人には理解できない〝お流れ頂戴《ちょうだい》〟

親子の断絶とか、人間性の喪失ということが叫ばれだして久しいが、断絶も連帯も、どこかからやってくるのではなく、人間自らがつくり出すのである。

自然破壊、汚染もよくいわれるが、自然でなくなった人の心が自然を破壊し、汚染するのである。私は昔の日本がよかったから、それにもどそうと主張しているのではない。もどらないのが歴史である。ただ、私は日本の歴史にも、今日、学ぶべき多くのものがあるといっているにすぎない。

西洋では「スキンシップ」ということをよくいう。日本でも「スキンシップ」が必要だと口やかましくいわれた時期がある。

共食社会であった日本の社会では、かつて、そのようなことが問題になったことはなかった。

日本人が少しも不自然とは思わず、西洋人が奇抜と思う習慣に、宴会の〝お流れ頂《ちょう》戴《だい》〟というのがある。相手が飲んでいる杯をもらおうと催促《さいそく》にいく。相手がせっかく飲んでいる杯を早くあけろ、その杯《さかずき》、貸せというようなもので、まことに奇妙な話である。それをまた奇妙とも思わず、うんといって杯を差し出すのだから、ますます奇妙である。

「あれは何をしておるのか」と西洋人に聞かれたことがある。そう聞かれて、私も気がついた。相手が唇をつけた杯に、こっちも唇をつけて飲んで礼をいい、また返して、相手も平気でまた飲んでいる。中には、杯を持って回って、みんなの唇をつけてもらって喜んでいるのもいる。

衛生観念からいうと、こんな不潔なことはない。けれども、子どもにものを食べさせるために、お母さんが一度、口にして、それから与えるのを誰も不自然とは思わないように、献杯《けんぱい》もまた、共食信仰が残した遺産である。

「お近づきのしるしに……」と清潔、不潔を通り越して、酒を媒体《ばいたい》にスキンシップをやっているのである。

「あれは、ああしてスキンシップをやっておるのだ」と説明すると、その西洋人——アメリカの若者だが、ややあって、私に「おれにもくれ」という。「不潔とは思わないか」と聞くと、「やってみなければわからん」と、そのあたりは、アメリカ人、さすがに実験精神が旺盛である。

そこで、私たちは杯を交《か》わした。以来、私の顔を見ると、その青年は、じつにうれしそうに微笑したものである。

日本人はそれと知らずに、スキンシップをずいぶん味わっていたのである。

結局、共食信仰は食器を共有するところにいくのだが、これはお互いに心を許し合うことでもあるし、間接的にだが、肌と肌を許し合うことでもある。

そうして、日本の社会は食器や食べものを媒体として、ヨコへヨコへと広がっていく。

同じ宴会で支配者が特級酒を飲んで、被支配者が二級酒を飲んでいるわけではない。もし、酒が悪くて中毒すれば、両方とも死んでしまうわけである。杯を交わすことによって、運命を共にするわけである。そういう意味では、基本的には連帯関係である。支配者も被支配者もない。

支配者のほうから見れば、「自分と同等のヨコの連帯に入れてやる」という発想になり、同列に遇《ぐう》することになる。こんなタテの支配関係をヨコの連帯に置きかえることが共食の意義であり、社交の目的であり、結局、家族意識の成立となって利害を超えた人間関係を成立させた。古く、家臣を、「家の子」とか「家来《けらい》」とか呼んで、いずれも家の字がつき、同一藩に属する武士が「家中」と呼びあうように「家」の字がつくのは、一見タテ支配の組織を持っている服従関係が、内部的には家族関係というヨコの連帯の上に乗っていることになると思われる。

日本の企業は家族意識を基盤としている

仕事を終えて、会社を出ると、西洋では会社の中での上下関係がそこで断たれて、平等になる。彼らをつないでいた関係が断たれる。それはコミュニケーションの場がなくなって、一度、他人になるということである。そこで友人としての人間関係が確立するかしないかは、また別の話である。

日本の場合は、会社を出ても関係は断たれないで、逆に「どうだ、一杯」となる。会社で結ばれているタテの上下関係は、ヨコの家族関係へと深まるわけである。だから、経済パニックが来そうだというと、役職者が全部、給与を削《けず》ってでも、会社という運命共同体（日本の場合だけだが）を維持するために尽くすのである。

これは実に不思議なことである。給与というものは、労働に対する賃金という意識だけなら、こんな妙なことができるはずがない。同じ労働負担をしながら、ある人だけ賃金カットされて、それに甘んじるなどということが起こるはずがない。そのうえ、なるたけ給与の低い人をそのままにして、週休制を増してもいいからサラリーを上げる。上の者が犠牲になる。

こんな非合理なことがどうしてできるかというと、社員は全部、家族員で、上の地位の者ほどその家族の責任の中心的な位置にある、という意識があるからだ。少なくともそういう発想でないと、起こりえない現象である。これは、アメリカ的な資本主義社会における道徳律と、日本的な人間関係との基本的な相違である。

どっちがいいかとか、どれがより近代的かというような議論を超えて、世界で最後まで生き残れるのは、たぶん運命共同体意識を持っているほうだ、と私は信じている。

権利と義務、利害と打算、労働と報酬という合理的な思考だけでは、非合理な事態には対応できないからである。組み立てた合理の限界を超える状況が来たとき、そういう硬い思考形態では、ショックを吸収することができないからだ。理屈とか利害を超えた家族意識を持った、軟らかい思考形態は、非合理であることによって、合理の限界を超えることができるからである。

今日、欧米でも、日本の終身雇用《しゅうしんこよう》制が見直されているらしいが、終身雇用制ということは、会社を運命共同体と見ることであり、それを支えるのは同族意識である。

これは日本の近代化の過程で一度、捨てようとしたものである。捨てることが近代化だと考えたからだ。

およそ、私たちが歴史を学ぶのは、私たちがより幸せで豊かな社会生活を営んでいくために、いいものはいいとして取りあげ、現実に即応して改良し、悪いものはなぜそうなったかを究明して、改革していくためである。

過去は、悪いものとして捨て去るためにだけ学ぶものではない。どんな国民にとっても、一番幸せになる方法が、一番の知恵だと私は思う。

そういう意味で、共同生活というものに対する日本人の考え方は、見直されてもいい日本固有の知恵を含んでいると思う。

「だまされるほうが悪い」という言葉は日本にはない

献杯《けんぱい》とか、おかずを分けあうことによって、共同体の連帯意識を再確認する行為と並んで、共同体に加入させてもらう行為として、「引越しそば」を配る習慣があげられる。

「これからおつきあい願いたい」というしるしに、食べ物を近所に配るというのも、考えてみれば奇妙でもある。長い間、顔をつきあわせて暮らしていればこそ、隣りの人がくれたおかずも安心して食べられるというもので、名前も顔も見たこともない人間が、いきなりやって来て、「お近づきのしるしに、これを食べてくれ」とは、ずいぶん、乱暴である。ところが、もらったほうも、「これはご丁寧《ていねい》に、何かと不慣れでしょうから、わからないことがあれば何でも聞いてください」といって、毒が入っているかもしれない食べ物を平気で食べる。食べることによって、共同体の新しい仲間として承認したしるしにする。

これが手拭《てぬぐ》いとかタオルとか、食べ物以外のものなら話がわかる。食べ物は、場合によっては命にかかわる。

毒殺という殺人手段は、目標の人物に近づいて、信用させてから行なう。ヨーロッパでは、ワインを飲むとき、ホストが先に毒味をするように、人間は他人がくれる食べ物だけは、なかなか信用できないものだという証拠でもある。

とくに厳しいタテ割り社会では、食べ物に気をつかう。

新しい人間関係を結ぶための媒体《ばいたい》として、いきなり食べ物を使うことを習慣化できた文明社会というのは、あまり聞いたことがない。これは日本人の人間関係が、「他人も自分も同じ人間」という固い信頼関係を基盤にして成立していることを示している。

その証拠に、西洋では他の殺害手段と同列に置かれている、毒殺という手段を、日本人は、もっとも卑劣な手段として憎悪《ぞうお》することからもわかる。それは「毒を使った」ということよりも、「人間同士の信頼を裏切った」ということに対する憎悪なのである。

日本人はお人好しだとか、だまされやすいとかよくいわれる。国際社会に進出するには、そんなお人好しでは通用しない、ともいわれた。また、近頃の人生相談などでは、「人がだまそうとするのはあたりまえで、だまされたあなたが悪い」と回答している人すらいる。いったい、どうしてこんな奇妙な論法が、まかり通るようになってしまったのだろうか。

外国のことはよく知らないが、かつて日本では、いかなる場合でも「だまされるほうが悪い」ということはなかった。「盗《と》るやつぁドロボウ、盗られるやつぁベラボウ（ばか）だあ」などという台詞《せりふ》も、しょせんは落語の中だけの話である。

もし今日の、この物質的な日本の繁栄が、「だます」ことをも正当化するような人間関係のうえに成り立ったものなら、私たちはそのために、計りしれない代価を支払っているのではないだろうか。

なぜ、区切りで〝そば〟を食べるのか

引越しそばという共食社会から派生した習慣は、「だます者はいない」という、相互信頼に立脚した風習である。

ところで、その配られるものが、なぜ、そばなのか。日本には、もうひとつ「年越しそば」という習慣もある。

年越しという時間の区切り、引越しという場所の区切りに、なぜ、そばが関係するのか、私は疑問に感じて調べたことがある。

そば屋が一般に広まったのは、文化《ぶんか》・文政《ぶんせい》年間（一八〇四〜三〇年）である。したがって、そばに関係する風習が定着したのは、たぶん幕末ごろである。それほど古い習慣ではない。

調べていくうえで、最初に得られた解答は、「そばは、お金を集めるので縁起《えんぎ》がいいからだ」ということである。

「そばがお金を集める」のなら、そば屋はみんな大金持ちのはずである。そんなムチャな話はない。

そこで、年越しそばや引越しそばが出てくる江戸文学を調べてみると、やはり「お

金を集めるといわれている」というような表現である。

しかし、この迷信のような扱いにしては、年越しと引越しには共通点がありすぎる。多くの場合、単なる縁起をかつぐということには、日本の場合、意外と科学性があるのである。いわゆる〝伝統の中の科学〟である。必ず何かの理由があるはずだ、と思って調べてゆくうち、ふと金《かね》を金《きん》と読んだらどうだろうか、ということに思い当たった。

そばはソバ粉を練《ね》って、それを細く切って食べるが、古い時代には「ソバ掻《が》き」といって、ソバ粉に熱湯《ねっとう》を加え、練ってから食べた。

金《きん》は、古くから建築物や仏壇に貼られていた。金を薄い箔《はく》にして貼りつけるわけである。すると、ほうぼうに飛び散るにちがいない。ソバ粉を熱湯で固めに練り、餅のようにしておけば粘着性が出るはずである。金箔職人が、飛び散った金粉を集めるのに、常食しているソバ掻きの粘着性を利用した可能性はある。少なくとも「お金を集める」という考え方より根拠がある、と思っていた。

そんなとき、私の大学の学生に、見事な金の指輪を嵌《は》めている者がいた。エンゲージ・リングかと思って聞くと、そうではなく彼の父親の仕事の関係ということであった。

　彼は石川県の出身で、家の職業は仏壇作りをしていた。石川県は伝統的に仏壇関係の手工業の多い地方である。彼のアルバイトは、その仏壇作りの手伝いで、アルバイト料はお金ではなく、まわりに飛び散った金箔だったそうである。つまり、仏壇に貼る金箔のカスを集めてアルバイト料にしていたのである。

　彼は一カ月に一度、仕事が終わると畳をパンパンと叩いて、金粉を浮かび上がらせ、綿で取って集め、指輪に作り直したのだという。

「綿のかわりに、ソバ掻きの団子《だんご》で取るというようなことはないのかね」と私が聞くと、「それが、いちばんいいらしいですね。昔の職人は、みなその方法だったそうです。目に見えない小さな粉まで付いてくるそうです」「それから、そのソバ団子はどうするのかね」「金粉の付いたそばを焼くんだそうです。そばは灰になって金だけ残るんだそうです。それは金を扱う職人の常識だったらしいですね」

　やはり私の推理は当たっていたのである。ひとつの区切りには「金を集める」縁起をかついで、そばを用いたのである。そして、そばに〝細く長くお付き合いください〟とか、あるいは最近では〝円《えん》（お金の同義）をつなぐ〟などの意味を付与したのである。

床屋《とこや》、銭湯《せんとう》は豊かなスキンシップの場所

田舎《いなか》へ行くと、祝い事に御萩《おはぎ》を配ったり、ずいき芋《いも》を配ったりする。ずいき芋とは里芋《さといも》の一種である。日本の農業は、稲作農耕が入ってくる以前は芋作農業であったという説がある。だから芋を配ったのである。ずいき芋は、〝ずいきの涙を流す〟と表現するくらいだから、めでたいお芋ということで配るのであろう。

赤飯《せきはん》も配る。

赤飯は、日本の古代米の色を復元したもので、昔の日本の米は赤かったのである。たとえば、静岡県登呂《とろ》遺跡で発掘された弥生《やよい》時代の古代米は、赤米《あかごめ》である。ちなみに米の精白技術ができたのは桃山時代で、資料によれば、豊臣秀吉は赤米を食べており、その子秀頼《ひでより》は白米である。ちょうど酒が濁《にご》り酒から清酒《せいしゅ》になったころである。

だから、わざわざ古代米の色に着色して縁起をかついで配るのである。

引越しそば、御萩、ずいき芋、それに赤飯、いずれも縁起のいいものだ。ということは、日本人は食物とともに、心の歓びまで縁起のいいものという形で分け合って、

共《とも》に食べることによって、幸せな人生を送ろうという、共同体意識を確認し合ってきたわけだった。いや、今日でも、庶民は近所の人、隣りの人というように、自分の人間関係をヨコへヨコへと広げながら、こうした食品や食器を媒体としたスキンシップをやりながら、連帯意識を確認しているのである。ということは、日本人は案外、心の中では豊かな生活をしているということだろう。

こうしたスキンシップによる連帯意識の確認願望は、庶民であればあるほど、強い。江戸時代には、生活の場や、今日でいうレジャー施設まで、自分たちの連帯意識を確認する場所に変えてしまう。

風呂屋の湯桶《ゆおけ》の中、脱衣場、床屋《とこや》の上框《あがりかまち》前の縁台《えんだい》はいうにおよばず、観劇の場もそうである。芝居を見にいって、天下の名優が名演技をやっているのに、そっちは放っておいて、観客は平気で飲食し、中にはワーワーと宴会をやって騒いでいる者もいた。今日の観劇習慣では考えられないことだが、それには「芝居を見る」ということに対する発想の違いもある。

「芝居を見る」のは神や仏への感謝の気持ちから

江戸時代の芝居観客席は、枡席《ますせき》といって、今日の相撲のそれと同じである。その相撲が大地を鎮《しず》める神事であったのと同様、芝居もまた、神の祭りに行なわれている神の行事を再現したもの、神徳《しんとく》を再現したものだった。それが阿国歌舞伎《おくにかぶき》の発生である。

当時、阿国歌舞伎は、念仏踊《ねんぶつおど》りというくらいで、仏の冥加《みようが》を宣伝する宗教宣伝劇だった。だから、興行主を「勧進元《かんじんもと》」といい、今日の入場料にあたるものを「報謝《ほうしゃ》」という。報謝とは神や仏にあげるお金のことである。したがって「芝居を見る」という行為は、神や仏に報謝して、共《とも》に飲食することを意味したのである。だから、舞台上の俳優たちも、そんなことは気にせず芝居をやっているし、客のほうは客同士で、芝居はそっちのけにして連帯意識の再確認をやっている。いうならば、劇場は神や仏もいる、めでたい社交場だったのである。歌舞伎座のロビーなどでお見合いをするという習慣は、その名残《なご》りである。

寄席《よせ》もまた、社交場の一種で、客席にゴロリと寝転がっているものもいる。わざわざ、寄席にいって寝ることはないのに、それをやる。というのは、やはり寄席も、やすらぎとか解放感を求めて行く社交場だったということだろう。

今日の歌舞伎でも寄席でも、開演のベルがなると、すぐ客席につく。遅れてドヤドヤと入っていったり、ガヤガヤ騒ぐことは観客としてのマナーを問われることになる。これは明治以後、西洋の観劇習慣が教えたもので、一見、演じる側にはよさそうに見える。けれども、江戸時代の役者や芸人は、ガヤガヤ騒いでいる客を、いかに舞台に注目させるか、魅入《みい》らせるかということで、必死に芸をみがいたのである。騒いでいた客が、シーンと注目しはじめる。寝ていた客が、ムックリと起き上がって身を乗り出す。落語に、絶対に笑うまいとする客と、笑わしてやろうとする芸人との話がある。それを聞いていると、演じる者と観《み》る者の間に、まったく平等な、それぞれの立場からの深い連帯意識が育っていく様子がよくわかる。そういう意味では、今日の演技者と観客、江戸時代の演技者と観客、どちらのほうがより幸せか、にわかには判定しにくいような気がする。

共済《きょうさい》意識が生んだ無尽講《むじんこう》の知恵

日本の社会がヨコ割り社会だったという、もうひとつの大きな根拠に、江戸時代の民衆の共済制度があげられる。

小田原藩《おだわら》の篤農家《とくのうか》であった二宮尊徳《にのみやそんとく》が信用組合というものを作ったのは、十九世紀初めである。これはドイツにそれができる三七年前で、世界の歴史の中でいちばん古いとされている。

彼は小田原藩の財政窮乏を救うために、庶民から金を集め、共同企業や共同金融をすることによって、利潤を配当していくシステムを考え出した。

当時は、庶民が持っている千円とか二千円ぐらいのお金を出しても、それによって金利は得られなかった。今日のお金にして、やはり百万円ぐらいにまとまらなければ、金利が生めない。そこで、二宮尊徳はこうした庶民の千円、二千円といったお金を集めて、百万円にする。すると金利が出る。それを庶民に分配していく、というのが彼の発想である。

当時、高利貸しの利息は一割だったが、彼はまとめたお金を、それより安く融資する。それでも庶民には月何分という利息をつけることができた。その一方、まとまったお金で、荒廃した土地を整備し直したり、土木工事や道路の修築工事をやって、小田原藩の財政を救ったのである。

けれども、これは二宮尊徳のオリジナルな発想ではない。その前提として、農民が独自に考え出した「無尽講《むじんこう》」が、一般に広く普及していたということがある。彼はその無尽講という発想を、さらに整理整頓したにすぎないのである。

農村共同体における、民衆のいちばん基本的な共済制度は、共同労働である。これが江戸時代に入ってくると、彼らが年中接触するためには、口実が必要となってくる。名目がないと、集まったり、連絡をとったりすることができなくなる。

正徳年間《しょうとく》（一七一一～一六年）に制定された『御定書百箇条《おさだめがきひやっかじょう》』という民衆への行政法を見ると、民衆は勝手に集会したり、共同行動をとったりしてはならない、と書いてある。

今日の都市の条例にも、勝手なデモや集会を禁じた項目があるが、それを厳しくしたような、民衆に対する規制が行なわれていたのである。

ただ、その際、封建《ほうけん》社会は世界共通だが、宗教上の権威を尊《とうと》ぶから、宗教上の集会は差しつかえないことになっていた。

そこで民衆は、この宗教的な行事を名目として集会することを考えたのである。それが以前からあった「講《こう》」の利用である。講の語源は、「講義をしてもらう」、つまり教義を教えてもらったり、解説してもらうための集団が「講社《こうしや》」で、それを略して「講」といった。つまり、神社仏閣の信仰が目的で集まり、講義を受ける。それは許された。

そこで、民衆はさまざまな「講」を考え出して集まる。お大師《だいし》講、月待《つきまち》講、大山《おおやま》講、富士講、伊勢講、観音《かんのん》講など、地方地方によってたくさんの講がつくられた。

もちろん、名目はあくまでも、宗教行事を共同で行なったり、共同で坊さんの話を聞いたりするということであるが、実際には、庶民たちが集まって横の連絡をとりあい、情報交換をするためのものであった。

江戸時代の〝講《こう》〟は相互信頼に立脚していた

江戸時代の関東の農村、とくに江戸郊外には、一カ月に十二種もの講がある。すべての家が十二の講に全部、参加しているわけではないが、それでも、少なくとも一回以上はどれかに参加するわけである。

そのたびごとに、集会の場となる家では、赤飯を炊《た》いたり、小豆餅《あずきもち》をつくったり、おかず、ご馳走《ちそう》をつくる。そして、講はまず、農村における一種の娯楽、仕事からの解放の機会にもなるわけである。そして、そこで「うちの息子が何日に結婚する」とか「何々があった」といった情報を交換しながら、ご馳走を食べる。

だいたい、日本人は共食《きょうしょく》信仰を持っているから、家を代表して出席した者は、帰るときに、講に出された料理を必ず家族に持って帰る。そして、講の場で話されたことを聞かせながら、その料理を家族で分けあって食べる。そうすることによって、参加していない家族全員もまた、講に参加した形になる。

だいたい、世界の風習で、宴会に出たものを持って帰る習慣は日本だけである。やはり日本人は、同じものを食べるという行為を、人間の連帯意識を育てるものとして、ひじょうに重視したわけである。

そうして、講に参加している家族全員が解放、団結し、ヨコの連携を強めていく。しかも、この講にはさまざまのものがあって、各家族によって、それぞれ違う講に参加しているわけだから、さらに重層的に情報が伝達されていくのである。

さらに、講が発達してくると、「いつは誰それの命日《めいにち》だから、いっしょに法事《ほうじ》をやろう」とか「誰それが病気だから、いっしょに見舞ってやろう」とか、そのうちに「みんなでお金を出し合ってやろう」ということになる。

中には「病気でひどく苦しんでいるから、早く楽に死なせてやろう」というので、「お迎えさんが早く来ますように」と、極楽浄土《ごくらくじょうど》から仏が迎えに来るための講といったものさえあった。

これは、一種の安楽死《あんらくし》の講のようなもので、そのために講員が共同で「来迎仏《らいごうぶつ》」といって、雲に乗って降りてくる仏の絵を描いた掛軸を保管している組合が、今日でもある。

こうして、講はまったく民衆だけの共同救済、情報交換の機会となり、同時に、解放の機会になったのである。

日本の民衆のすぐれた知恵といえるかもしれない。

二宮尊徳が、信用組合というシステムを、もし独自に発想していたとしても、自分の零細な資本が、どういう形で返ってくるかを民衆が知らなければ、お金を出資するはずがないのである。

そして、それを「信用する」という庶民の感覚は、その底にしっかりと根づいていた「共に同じものを食べ合う」という共食信仰に支えられていたに違いないと、私は思う。

こうして庶民は、講を考え出すことによって、自らをヨコの関係の中だけで、人を助け、自らを救《たす》けるという、共同救済の大切さを身につけた。彼らは今度は無条件奉仕で、他人を助けるようになる。それが「巡礼報謝《じゅんれいほうしゃ》」である。

無銭旅行者の巡礼を迎える日本人のやさしさ

修行や供養《くよう》のために神社仏閣《じんじゃぶっかく》を回る人たちに対しては、農村の人たちは無条件奉仕で、これを救済する。たとえば、巡礼が家の前に立つと、彼らは食品や旅費を「報謝」という形で無条件で与える。その代償として、巡礼や道者《どうじゃ》は、その家のために経《きょう》を読んだり、あるいは、その家に病人がいるとわかると、治療の仕方やおまじないを教えていく。そこにまた、まったく見知らぬ者同士の人情が育ち、人情の大切さが確認されていったわけだ。

その国の政治や文化の発達のひとつの尺度として、行政制度としての社会救済制度の発達があげられる。そういう意味では、江戸封建社会はひじょうに遅れた社会であるとされる。今日の日本についても、それがよく指摘される。

このような指摘は、当を得たものとは言いがたい。そういう発想は、歴史というものを、政治中心の制度とか、社会の仕組みの中でしかとらえようとしていないからである。

少なくとも、江戸時代においては、為政者《いせいしゃ》による社会救済制度、現在の厚生施設にあたるものは少なかった。江戸はともかく、全般的には、見るべきものがなかった。けれども、江戸時代には、こうした村落共同体を背景として、そこに一種の宗教的共同意識を上乗《うわの》せして、民衆自らが、共済社会をつくりあげていたのである。

これは為政者の怠慢《たいまん》による結果かもしれないが、逆にいうと、農民がそういう理想社会を持っていたから、為政者による厚生施設を必要としなかったともいえる。

この関係は、相互循環しているわけで、為政者がやらなければ民衆がやる。民衆がやらなければ為政者がやる、ということである。おそらく、今の論者の中には、民衆が自己救済をやらなければならないとは、まったく政治の前近代性であり、政治の立ち遅れの結果としての、やむをえぬ民衆の生活自衛法にすぎぬ、と決めつける人が多いだろう。しかしそんな公式論は、過去の日本人の社会生活意識を無視した空論だと思う。

日本の社会は、民衆を忘れたタテ割り社会だとよくいわれる。けれども、これは為政者のやることだけを見ているからで、実際は、民衆は自分たちで自分たちを救っていて、為政者が行なう以上の効果をあげていれば、そこには、いわゆる支配者の入り込んでいく余地がなかった、ということになるのではないか。私が、「日本の社会の基層はヨコ割り社会」と主張するのは、少なくとも江戸時代には、民衆が独自の形で、為政者に頼ることなく、自らの共済制度をヨコの連帯の中でつくりあげていた、と思うからである。

結果として、どちらがいいかは別の問題である。ただ、たとえば四国八十八カ所の札所《ふだしよ》めぐりや、おかげ参りが、一銭のお金も持たずにできた江戸時代というのは、民衆の心が信仰に支えられた、相当豊かな社会だった、といえるように思う。

くどいようだが、それを今日また復興しよう、と言っているのではない。今日では、社会の仕組みが異なっているので、当然、厚生事業は政治の重要な柱であることはいうまでもない。しかし、この温かい心は私たちも持ちたいものだ、と言いたいのである。

今日では、もはやそういう心豊かな社会を期待することはできないのかもしれない。江戸、でなく東京のアパートの片隅《かたすみ》で死んだ老人が、一カ月間も発見されなかったという事件が、数年前にあった。あるいは一人暮らしの病身の老人が、しばしば社会問題となる。そんなとき、私たちは、それを政治の貧困として糾弾《きゆうだん》することも今日では必要だろう。だが一方で、ただ為政者に頼ることなく、二六〇年を生きた江戸時代の庶民の知恵を考え、いまの私たちの心の貧困と連帯意識の欠乏を問う必要もあるのではないだろうか。

「私をお笑いください」という刑の持つ意味は？

何度も言うようだが、歴史はあともどりさせることはできない。少なくとも、今日までの世界史において、歴史があともどりしたという例はない。それほど私たち民衆はおろかではない、と私は確信している。だから、私たちは、自らの歴史の欠点を見ると同時に、長所も見、明日を考えていくべきだろうと思う。

江戸時代には、「村八分《むらはちぶ》」といったような私刑が許されていた。

それは、当時の農村が、いま述べたように、自らの手で共同救済、共済社会をつくっていたから、もし、そうした社会をこわす者とか、妨害する者が出たときは、訴えていくべき先がない。そこで、自分たちで刑を執行したという社会的な背景を考える必要があるだろう。

ただ、私刑の事実だけを取りあげて、当時の民衆が残酷だったとするのは、不公平である。

昔の日本の私刑には、一般に体罰をくわえるものはない。村八分以上のきつい刑は、「村払い」といって、村からの追放である。

領土外に出ることができないから、村から追放されると、隣村とか、近所の村へ行って住まわせてもらい、そこで、使い走りをするとか、ときには神社仏閣の番人をする、といったことで生活しなければならなかった。

村八分は、二分だけの交際を残して、やがては、もとにもどしてもらえる刑だっただけ、刑として軽かった。当時のいちばんひどい私刑は、恥をかかすことであった。「お笑いくだされたく候《そうろう》」と言いながら、村を回る刑である。これは古代的で原始的に見えて、あるいはひじょうに近代的な発想かもしれない。とにかく、犯罪やあやまちを犯したことは、たいへん恥ずかしいことだから「どうか笑ってくれ」と言って回る。それによって反省させるわけである。

要するに、刑罰で報復するという意識よりも、再教育だという意識の刑罰が「どうか私をお笑いください」という私刑である。

けっして人権侵害、名誉毀損《きそん》の意味ではなく、本人の反省確認のあかしであった。古代では、「笑う」ということは、侮辱《ぶじょく》であると同時に、魂を再生産させる行為でもあった。

だから「笑われる」ことは屈辱でもあったが、「笑いとばされる」ことで、罪を犯した魂が洗われる、という信仰の側面もあったのである。現在でも、私たちがよく使う「笑ってすませることにした」とか、「笑ってすませられないかね」という表現は、こんなところと関係あるのかもしれない。

「同じ釜《かま》の飯を食う」のが最高の友人

近代刑法の発想の原点は「罪を憎んで、人を憎まず」といわれるが、そうしてみると、この私刑はいちばん高級な近代的私刑かもしれない。

面白いことに、日本では肉体的私刑ということをやらない。アメリカの開拓史時代の首つりの私刑とか、ヨーロッパ中世の火あぶりの私刑のように、外国には、残酷な体罰があったが、日本の私刑にはそれがない。それは、日本人の自然哲学の中の霊肉《れいにく》二元説《にげんせつ》から来ているのかもしれない。どっちがやさしくて、どっちが残酷だとは、一概にいえないが、興味深い精神構造の違いではある。

私たちはよく「同じ釜《かま》の飯を食った仲だ」という表現をする。これもまた、連帯意識を確認する言葉である。「飯を食う」という表現は、いかにも共食信仰を持つ日本人らしい表現だが、この場合は〝釜〟に重点があるという意味で、共食信仰とは少し違うのである。

実は、日本には火に対する信仰もあって、この場合は釜を炊《た》いた火に重点がある。燃える火は神聖であって、それは一カ所に神が宿ったものである。だから、同じ神様の火で炊事《すいじ》をしたものを食べ合った、という人間同士の連帯である。先述した直会《なおらい》のように、神と共に食事をすることで生まれる連帯とは少し違う。火神信仰の場合は、神と人間は別である。だからこれは、神を基点にして共同体の確認をする、と考えるべきだろう。

それが、年末の京都八坂《やさか》神社での有名なおけら祭りなど、火の祭典である。

しかし、いずれにしろ、「同じ釜の飯を食った」「おかずを分け合った」「杯《さかずき》を交《か》わした」といった、素朴で、しかも実感として確保している、上下のない連帯意識の伝統は、今後、どんなタテ割り社会を上乗《うわの》せされたとしても、大切にしていきたいものである。

そうだからこそ、日本で、もし人を職業や貧富《ひんぷ》などで差別するようなことがあると、それこそ最大の社会犯罪であって、許せないと思う。新しい移住者や悪病を患《わずら》った者の子孫に対しても差別は許せないはずである。元来、日本人はもっと人間同士温かい心で対等に助けあってきていた。共同体が崩壊して個人が社会の単位になっても、この温かい心が私たちを支えているのである。人が人を差別し得る権利も資格も本来、存在しない。「人の上に人を作らず」は、真理である。封建社会におけるいわゆる身分階級制さえも、私はただ形のうえでのタテ社会であって、基本はヨコ社会であることを繰り返してきた。職場における組織や機能としての上下関係は、一種の職種にすぎない。

そうであるのに、まだ一部の日本人には、人を差別する恥ずかしい心を持つ人が、その差別している理由の本質を知らずに、今日も存在すると聞くが、これは徹底的に反省をうながし、啓蒙《けいもう》を行なって、本来の明るい日本の姿に返さなければいけない。それは日本の近代化のためにと同時に、日本人の名誉のためにでもある。

4章　日本の文化は、柔軟な〝建増《たてま》し〟構造

——あらゆるものを貪欲《どんよく》に呑み込んだ日本の重層社会

雁《がん》もどきはコロッケをヒントに作られた

日本人の一般家庭のテーブルに並ぶおかずのひとつに、野菜の煮物がある。たとえば、里芋《さといも》の煮物を食べるときには、コンニャクや人参《にんじん》、牛蒡《ごぼう》、蓮根《れんこん》といった野菜類を一緒に入れて醬油《しょうゆ》で味つけして煮合わせる。

これはけっして特別な料理ではないし、どちらかというと、高級な料亭などで出る料理ではなく、むしろ、庶民的な「お惣菜《そうざい》」というべき料理である。

ところが、ふと、箸《はし》を止めて「いったい、私たちは何で、このようなおかずを食べるようになったのだろう」と考えはじめると、さて、大変な問題に突き当たる。

まず、里芋、これは日本の歴史ではいちばん古い食物のひとつで、稲作文化がくる前に、南方から入ってきたとされている食物である。コンニャクと牛蒡《ごぼう》はだいたい、北方系統の食品で、シベリアから満州を通って、日本の中を南へ下ってきた野菜である。とくに牛蒡は、世界中で、日本人しか食べないことで有名である。

人参と蓮根は、輸入された年代は違うが、ともに南中国経由で日本に入ってきた野菜である。

それに、味をつけている醬油は、アジア照葉樹林帯《しょうようじゅりん》文化の特徴ともいえる発酵調味料である。

つまり、南方から来た里芋と、北方のシベリアから満州を通って来たコンニャク、それに日本人しか食べない牛蒡と、南中国から入ってきた人参、蓮根が、アジア照葉樹林帯の発酵文化がもたらした醤油で味つけされて、いま、私たちの前の一枚のお皿に何気なく盛られているのである。

それをいま、ごく当然のこととして何の不思議もなく、箸で運んで胃の中に入れているのだが、よく注意して分析してみると、実は、目前の一枚のお皿に、日本文化の縮図が載《の》っているのである。

私たちがよく食べる「おでん」の中に「雁《がん》もどき」という、ごく通俗的な食品がある。「雁」というのは、鳥類の雁のことである。「もどき」は「芝居のセリフもどきで……」といった形で使う言葉で、「……のような」とか、今日風にいうと、「……みたいな」、つまり「似たもの」という意味である。

したがって、雁もどきとは「雁の肉に似たもの」ということである。

これは肉食《にくじき》を禁じた寺院で発明された、精進《しょうじん》料理の一種である。僧たちは、肉が食べられないから、肉の色や形、舌ざわりに似たものを、穀物や野菜を利用して、ずいぶん発明している。雁もどきもそのひとつである。

雁もどきは、豆腐《とうふ》を一度しぼり、さらに水分を抜いて、その中にいろんな野菜を入れて作る。

その製造過程は、割合複雑である。まず水分をよく切った豆腐に、今日では卵白を加えるが、昔は山芋をすったものを加えて、もう一度、練り合わせて、それを油で揚げる。

この油の温度も、油揚げの場合は、割合い高温でサッと揚げるから、外だけ固まって、中は豆腐状に残る。雁もどきの場合は、中が厚いから、芯《しん》まで熱が通るように低温の油で、長時間揚げる。

この、長時間揚げるという知恵も、実は、日本人のオリジナルではない。

雁もどきは、関西地方では、昔「ヒロウズ」(飛竜頭《ひろうず》)といっていた。

ヒロウズというのは、ポルトガル語で、コロッケのことである。長時間、低温で揚げるという調理法はヒロウズ、つまりコロッケを知ることによって、日本人が学んだ知恵である。

そこで、日本人はコロッケの代わりに、しぼった豆腐と山芋を練り合わせたものを主体にして、似たような形を作り、その中に西洋野菜や肉の代わりに、牛蒡や人参、銀杏《ぎんなん》などを押し込んで、コロッケ風に揚げて、とうとう、「雁もどき」という日本独特の精進料理を作ってしまったのである。

竹輪《ちくわ》のことをもともと蒲鉾《かまぼこ》といった

ヒロウズという南蛮《なんばん》料理から、それとは似ても似つかぬ雁もどきという精進料理を作りあげ、それをなんと、おでんの具《ぐ》という、元のコロッケからは想像もできない、お惣菜の一種にしてしまう。

雁もどきは、確かに日本にしかない食品だが、それを分析してみると、何ひとつ、日本人のオリジナルなものはない。

その雁もどきといっしょに煮るものに、竹輪《ちくわ》がある。

竹輪は、蒲鉾《かまぼこ》を竹にリング状に巻きつけて焼いたものである。だから文字どおり、竹輪で、蒲鉾とは板についているものだ、と思われているけれども、昔は少し違う。

蒲鉾というのは、だいたい「くずし身」といって、魚の肉をすりつぶして、竹の棒に巻いて焼いたものである。その恰好《かっこう》が、蒲《がま》の穂《ほ》、ないしは蒲の鉾《ほこ》に似ているから、蒲の穂、さらに蒲の鉾——蒲鉾となったものである。

今日でも瀬戸内海沿岸地方に、蒲鉾の原形の料理がある。それは穴子《あなご》を裂いて、骨を抜き、その肉をくずさないで、竹の管《くだ》にグルグルと巻きつけて、ちょうど蒲の穂の形にしたものである。それを蒸《む》すか焼くかして食べる。

これが江戸の元禄年間から、元来の蒲の穂状のものを、竹に巻くかわりに板につけるようになった。すると、蒲鉾という形を捨てても、名前だけ残し、板付き蒲鉾と呼ぶ。やがて「板付き」が、単に「板蒲鉾」になり、板もとれて「蒲鉾」になった。

すると、従来の竹に巻きつけたものと、区別する必要が起こる。そこで、乱暴な話だが、原形のほうの名前を変えて竹輪と呼ぶことにした。

だから、竹輪のほうが、もともとは蒲鉾なのである。この竹輪と蒲鉾は日本のオリジナルな食品である。

それを雁もどきといっしょに、醬油で煮て、同じ皿に載せて食べる。南蛮料理のコロッケと、純日本食品が、同じ味に煮られて、私たちは平然と、それを食べているのである。

こうしてみると、日本人の胃袋は、じつに貪欲《どんよく》というか、何でもかんでも食べてしまう。しかも、それを全部、日本の料理だと思って食べている。悪くいえば、食物に関しては実に節操《せっそう》というものを知らない雑食民族、それが日本人である。

けれども、さらによく見ると、じつに厳しい節操の持主といっていいほどの、日本人の別の顔がその中に見えてくるのである。

日本の風土が生んだ貪欲《どんよく》の知恵

それには、私たちが住んでいる日本という島の地理的条件を考えてみる必要がある。日本は大陸に沿って、南北にうなぎのように延《の》びた国である。北は北方圏のシベリア近くまで延び、南は南で、東南アジアに近い。したがって、北と南の両方から文化が入ってくる絶好の位置にある。

けれども、日本の国じたいの条件から考えると、温帯圏に属しているから、気候は比較的温暖で、自然には恵まれている。しかし、同時にアジア・モンスーン地帯に属しているために、台風が多く、恵まれた自然が、常に安定した食糧を供給してくれるとはいえない。だからといって、日本人が島の外に食糧を求めるということも不可能である。確かに異民族の侵略も受けにくい代わりに、日本人も外に出ていくわけにはいかない。その結果、自給自足することしかできないから、島にあるもの、外から入ってくるもの、何でも利用してみようとする精神が育つ。つまり、島国という条件が命がけの好奇心を育てるわけである。

こうした内外の立地条件から、日本人は長い歴史の間に、自分自身で文化の基本要素をすべて自分で発見するには限界があり、島の外からもたらされるものは、極力これを利用していかなければ生きていけないという習俗を、身につけてしまったと考えられる。

したがって、一度《ひとたび》、島の外から刺激を受けると、自分自身の能力を総動員して、これに対応する。そして日本という限られた条件の中で利用できるように、外来のものとはまったく違った新しい価値観や別の性質を持ったものに変えてしまう——そういう複雑な性格を、日本人は身につけてきたと考えていい。

「とにかく、食べられるものを食べて、命をつないでいるより仕方がないではないか」と、日本人はノンビリするわけでもなく、かといって、あくせくしても仕方がないから、なかば諦観《ていかん》を持ちながら生きている。

そこに、スペインからコロッケが入ってくる。すると、日本人はまず、食べてみる。よそには「スペイン人の食物なんか……」と、食べてみない民族もいるにちがいない。けれども、日本人はそれほどの余裕はないから、とにかく食べてみるわけである。命がけの好奇心である。

その結果、「これはいける」とか「ちょっとまずい」という判断が生まれる。あるいは、コロッケの原料である肉を食べてはいけない、といった条件が出てくる。けれども、低温で揚げるというアイデアはなかなかいい、などと、いろいろ考えて、ついには雁《がん》もどきを発明するのである。

だから、もし、コロッケが入ってこなければ、雁もどきも生まれなかったわけである。

米を「炊《た》く」のは日本人だけ

こうした現象を、私は「触発現象による文化の再生産」と呼んでいる。

したがって、日本人は無から有を生むのは、あまり得意とはいえないが、有からまったく別の有を生む「触発現象による文化の再生産」は、おそろしく得意なのである。

この得意技を利用して、日本人はさまざまに入ってくる文化を再生産して、まったく別の、日本に適合した文化をつくってきた。それが日本の文化であり、私はそれを「再生産による複合文化」と呼んでいる。

日本の主流をなす農耕社会以後の文化は、確かにアジア照葉樹林帯文化といわれる、東南アジア系の文化である。けれども、それ以前に、すでに北方圏のシベリア大陸につながる文化が入ってきている。そのつぎ――北方圏の文化と、アジア照葉樹林帯文化との間に、さらに太平洋の真ん中を通って、南方の芋《いも》栽培文化が来ているという話もある。

つまり、北と南と東南の三つの異なった文化が、日本で重なり合ったわけである。さらに、その後に朝鮮半島からより高い大陸文化も入ってくる。

風と海流という自然の大きな運搬力、さらに日本の位置と地形というものが、日本へいろんな文化を寄せてくる必然的な宿命をつくりあげているのである。

それを日本国内においては、自分の体質とか国土の条件、自然の条件、それから自分たちの生活の段階、そういったものに適応するように選んだり捨てたり、さらに形を変えて再生産したりして、遠い昔から今日に至っている。それが日本の歩み方というか、日本的な歴史の流れ方だと、私は思うのである。

大きな目で見ると、日本の何千年かの民族の歴史は、いうならば、こうした異質文化の調和と選択の歴史であり、それが日本的文化の生産の歴史だった、と考えていいと思う。

日本人は、アジア照葉樹林帯文化の最後の大きな伝播《でんぱ》物資という「米」を輸入する。

東南アジアでは、この米を木の葉に包んで蒸していた習慣があるから、米とともに「蒸す」という調理法も、一緒に入ってきたと考えていい。けれども、蒸すだけでは、米の持っているグルテン（粘着性を持った澱粉質《でんぷんしつ》の変質したもの）が充分出ない。そこで、日本人はこれを水に入れて煮る、いわゆる「飯を炊《た》く」ことを考えつく。

中国でも、米を水の中に入れて炊く。けれども、米が炊けると、炊き汁を捨てて、要するにグルテンを捨ててしまって、バサバサした繊維と澱粉だけを残した飯にする。

これは、ヨーロッパでもアメリカでも同じである。大きな釜にいっぱい湯を入れて、米を入れ、米がやわらかくなると、大きな網ですくって、水を切って食べている。今日でも、それをやっている。

ところが日本人は、そのグルテンの流出した水分をもう一回、米の組織の中に再吸収させるのである。それがいわゆるご飯の「後熟《こうじゅく》」であって、「蒸す」とか「むれる」「うむ」という言葉で表わされる。一応、ご飯が炊きあがると、その後、フタをしたまま、しばらく釜の中にご飯を置いておく。そのときにグルテンが全部、米の中に再吸収されるのである。それを日本人は「もうちょっと置いたほうが、うまいご飯ができる」と表現する。

事実、そうするほうが、カロリーが放出しないで残るうえに「うまい」という、いわゆるうま味の味覚がひじょうに増幅されるのである。

これが、日本のご飯が、「うまい」という言葉で表現されるもとである。

江戸時代すでに、米を九六種類も品種改良した

「うまい」という言葉は、グルタミン酸ソーダとかアミノ酸の相乗《そうじょう》効果をいったものので、それは、グルテンを米の組織に再吸収させることによって、生じるものなのである。

一度覚えた日本の米の味というものは、日本人でなくても、東洋からの留学生やヨーロッパの人まで忘れられないというけれども、それは、日本人が発明した米の調理法に起因する。

結局、米と、米を「蒸す」という調理法を教えてもらったら、日本人はそれをそのまま受けつぐのではなく、調理法を工夫することによって、それまでは知られていなかった米の味というものを引き出していく。それが日本人の再生産の知恵なのである。

さらに、日本人は米じたいをも、そのままにしないで再生産しようと試みる。

足利《あしかが》時代後期に伊予《いよ》の国（愛媛《えひめ》県）の土居清良《どいきよよし》という人のことを書いた『親民鑑月《しんみんかんげつ》州』（『清良記』ともいい、第七巻が農業書）という日本最初の農法の書物がある。

その本の中には麦二四種、豆三二種などいろいろの農作物の種類があげられているが、米について書かれた部分もある。

そのページを開くと、当時すでに九六種類の米の品種があったことが書かれている。つまり、約四百年前には、日本の米は九六種類、意識的に品種改良されて、当時の栽培主である農民がそれを使い分けていたというわけである。

品種改良の目的は、まず高カロリー食品をつくるということ、要するに、グルテン量の多い米をつくろうということである。さらに、米は風土、地味によって順応しないことがある。そこで、日本の農民は中世以来、改良を続け、ついには「山地につくる米」「寒地につくる米」「低湿地につくる米」といった日本のそれぞれの風土に順応し、しかも、高カロリーの米というのを九六種類、それぞれに名前をつけて持っていたのである。

私たちは品種改良といえば、今日の農法のことだと、つい思いがちである。江戸時代の農民は、文字の読み書きもできない、ただ自然農法的に田畑を耕す無学な人たちだった、と錯覚している人が多い。それは大きな間違いである。彼らは、今日と少しも変わらない頭脳的な計画栽培の農法を、今日のように農学者の手をかりることなく、自らの手で実行していたのである。

その九六種類の米は、何によって、種類名が名づけられているかというと、それぞれの適性栽培地のほかに、それぞれのカロリー量とグルテン含有量によって分類されているのである。

今日のような分析機械もない時代に、何によってそれを分析したかというと、農民の舌である。自分たちの味覚で、それを分類したのである。ということは、彼らの味覚がひじょうに進んでいたということである。

きびしい年貢《ねんぐ》が農業技術を進歩させた

一般に、単調な食事しかできない民族は、味覚が劣る。複雑な食品種類を摂取《せっしゅ》する民族は、味覚が複雑化し、進歩する。

そういう点においては、ヨーロッパ的食品は、日本の採取する食品に比べて、何分の一と種類が少ない。

日本人の味覚がひじょうに複雑化した理由としては、温帯圏の、しかもアジア・モンスーン圏にあって、先述したように、南方的なもの、北方的なもの、いろいろ異質文化の持つ食品が、食膳にのぼってきたということが、まず挙げられる。

そして、それは単に好奇心だけでなく、現実には、そうした多種類の食品を食べなければ死んでいくほど、必要にせまられていたということ。それが結果において、日本人の微妙な味覚をつくり上げたのだと思う。

そして、日本人は澱粉《でんぷん》味覚というものを経験として味わい分け、その味覚を頼りに、米に対応していくわけである。それが米の品種改良の知恵の出発点だったと思う。

さらに、税として米が徴収されると、農民は自分の命を守るために、米を量産する必要にせまられる。

支配者は、一定の面積に対する生産量を知っており、それに応じて〝年貢《ねんぐ》〟という形で、農民から租税《そぜい》を徴収する。

だから、武士という支配階級が知っている単位面識における米生産額を超える量産米の品種を持っていれば、農民たちの勝ちであった。武士が年貢を持っていったあとには、余計に量産した分の余剰米が手元に残るからである。それがまた、農民が量産米を作るべく品種改良をしていくバネになる。

今日、一定面積に対する澱粉収穫量が、世界の穀物類の中でいちばん多いのは、日本の農民が育てた米である。

この背景には、日本の封建社会という搾取《さくしゅ》社会が、逆に日本の米の品種改良に大きな加速をかけたということがある。つまり必要が生んだ知恵である。

江戸時代の農民たちへの搾取は、「五公五民」にはじまって「六公四民」「七公三民」と、時代とともにひどくなっていったことは、前に述べた。

けれども、搾取がひどくなったときに、農民たちは逃亡したり、一揆《いっき》を起こす前に、まずそれに対応して、その搾取量を超える量産米を作り出せばいいという発想に転換して、自分たちのあらゆる知恵と労働を投入しながら、品種を改良していくことを考えつくのである。

ひとつの限界状況に対応するときの人間の発想としては、ひじょうに近代的な発想といえる。こうした柔軟な発想が、江戸時代という封建時代にできたということは、彼らの知的水準の高さを示すとともに、日本の農民を支えた大きな力であったことを、私たちはつい見落としているのではないかと思う。

〝建増《たてま》し構造〟とは、日本人の強さをあらわす

「百姓は殺さぬように、生かさぬように」年貢を最大限徴収することが、封建領主の合言葉だったとして伝えられている。それを知っている私たちは、そこに抵抗することができないで、無気力に搾取される無知な百姓の姿しか描き出してこなかったのではないだろうか。

事実、封建時代を通じて、百姓で飢え死にする者は、天明などの大飢饉《ききん》のときをのぞいては、いなかったことは、歴史が証明している。ということは、百姓はしぼっている者より利巧《りこう》で、しぼられても、ちゃんと余剰を持つ方法を考え出していたのである。

それは「かくし田」という方法であり、水田面積を広げることができないときには、品種改良という近代的農法だった。

私が、「油のごとくしぼられる」のに、なぜ百姓は死なないのか、ということを考えていたときに、ふと、気がついたのは、約四百年前に、すでに九六種類の品種改良をやってのけている、先述した伊予の農民がいたということである。

農民がひどくなる搾取に、ただ抵抗し、一揆を起こす以外は、もうひとつ、順応したかのごとく見せながら、結局は勝っていく知恵を身につけていたことに気がついた。それはちょうど、日本人が自然に順応しながら、結局は、自然を利用していくといった、すぐれた〝科学〟的方法と同じである。

日本の農法は、一見、停滞しているかに見える封建社会の中で、味覚をもとにした品種改良と、搾取に対応する品種改良との二つを重ね合わせたところで、着々と進歩していたのである。

考えてみれば、戦国大名は、もとはといえば、ほとんどが農民である。江戸時代の大名たちもまた、農民出身である。彼らはすべて、農民をバックにして、新しい時代の支配者になっていった。

私たちは、それを歴史として見る場合、ただ支配者の知謀《ちぼう》だとか、あるいは武力とか、誰と誰が結びついたから天下をとったとかいったことだけを考えている。そして、農民は弱い被搾取者だとしか見ていない。しかし、歴史の事実は、そうした支配者たちが立っている地盤である農民層というものが、ひじょうに聡明《そうめい》だったこと、そして、彼らをして立たせるに足るだけの生産をする人たちであったということを、忘れはならないと思う。

コロッケから雁もどきを生む知恵は、けっして単純ではないのである。一度《ひとたび》、何かに対応する必要にせまられたとき、多角的にそれを考えて、そして、多角的にそれを応用していくような能力や性格を、生活自体の中に持っていた、それが日本の農民であり、日本人なのではないか、と私は思う。

そして、この貪欲《どんよく》さを、私は〝建増《たてま》し構造〟と呼んでいる。

日本の味とは醤油《しょうゆ》の味である

外国から来た人たちに「日本の味とは何か」を説明するとき、私はひと言《こと》で「それは醤油の味だ」ということにしている。すると、「醤油の味とは何か」と突っ込んでくる人がいる。それには、こう答えるより仕方がない。

「それはうま味である」と。

「うま味」に相当する英単語はない。中国語にもない。うま味というのは、ひじょうに感覚的な言葉である。だからといって、実体がないわけではない。甘い、すっぱい、塩辛《から》い、ぴりっと辛い、苦《にが》い、といった「五味《ごみ》」に実体があるように、うまいにも実体がある。それはグルタミン酸ソーダとアミノ酸の味である。

米を炊《た》くという調理法が、分析化学的にいえば「グルテン」を多く摂取する方法であったことは述べたが、日本人は、米以外の食品についても早くから、自分の舌だけでグルタミン酸ソーダとアミノ酸をとらえ、追求している。

それが今日では、世界的な調味料になっている醤油の発明につながるのだが、歴史的に見ると、醤油に至るまでには、いろんな試みが行なわれている。

江戸時代の落語に、「糠味噌《ぬかみそ》の味噌汁」をつくって食べさせる話がある。落語だから、これは、滑稽味《こっけいみ》をねらったもので、実際、江戸時代に糠味噌を食べていたわけではない。では単に「糠味噌」という言葉が「味噌」に似ているから、この話ができたのかというと、そうとばかりもいえない。

野菜を漬けた漬物の糠味噌には、実際にグルタミンがたくさん含まれているから、うま味はある。調味料として使えなくもない。

今日では使用されていないが、草醬《くさびしお》といわれる野菜類を発酵抽出した調味料は、糠味噌に類するものである。

この落語の作者が、草醬を知っていたかどうかは別として、この落語のおもしろさは、単なる言葉の連想にとどまらず、そこに実体があり、日本人なら「糠味噌の味噌汁なら、案外、おいしいかもしれない」と感じるリアリティがあるからだろう。

調味料として、日本人の舌が、最初にグルタミン酸ソーダとアミノ酸を探《さぐ》り当てたのは、魚から発酵抽出した魚醬《ぎょしょう》である。今日でも、日本海側の一部、とくに秋田、山形や新潟の一部の地方に限って使用されている「塩汁《しおっつる》」は、この魚醬の系統のものである。

魚の生肉を発酵させて抽出したもので、秋田料理の「しょっつる」のうま味がこれである。

なぜ関東の醤油は味が濃いのか

草醤《くさびしお》や魚醤がいつ発明されたか、はっきりした記録はないが、ひじょうに古い歴史を持つことは間違いない。

草醤や魚醤に対して、穀物を原料とする穀醤《こくしょう》、それが大豆《だいず》から発酵抽出した醤油である。この蛋白質《たんぱくしつ》を発酵させるというアイデアの原形は、アジア照葉樹林帯文化のもたらした知恵だが、それを利用して、日本人は醤油をつくりあげ、ついには日本を代表する味として定着させていく。

しかも、醤油のうま味は単なる味ではなく、うま味の成分であるグルタミン酸ソーダは成長酸だから、全身を成長させる。

アミノ酸は脳をはじめ細胞分裂をうながす酸だから、知能を発達させる。グルタミン酸ソーダ、アミノ酸ともに、人間の成長発育にとってはひじょうに重要な成分である。それがうま味であり、醤油なのである。

さらに日本人は、発酵を止めるためと、塩自体を保存するために用いた塩分の量などを加減することによって、ちょうど米の品種を何種類も持ったように、いろいろな目的に応じた醤油をつくりあげる。

専門的にいえば、各醤油の銘柄によって、いろいろ複雑な種類があるが、大雑把《おおざっぱ》には三系統に分かれている。関西を中心とする薄口《うすくち》醤油、中部日本を中心とする溜《たまり》醤油、東日本を中心とする濃口《こいくち》醤油。

大豆を炒《い》らないで蒸し、塩分を少なくして、グルタミン酸ソーダやアミノ酸は同量にしてあるのが薄口である。大豆を炒って黒みをつけながら濃くしぼった溜《たまり》。塩分を強くして、黒みをとくに強くした濃口。

これは風土の味覚、好みに合わせてつくられたものだが、そこには深い必然性がある。たとえば、溜醤油の分布圏には、岡崎八丁味噌《おかざきはっちょうみそ》で有名な黒系の味噌《みそ》が広がっている。

関東の山地地方へ来ると八丁味噌系ではなく、黄色味噌が広がっていて、やはり塩分が強い。これは、だいたい、山地地方の信州、甲州、上州などで、塩の輸送には不便なところである。

武田信玄《たけだしんげん》と上杉謙信《うえすぎけんしん》の戦いで、武田軍への塩の供給が絶《た》たれたために、一時、戦いを中断して、上杉が武田に塩を送った話は有名である。このように、山地地方は塩が断絶する可能性があるために、たとえば信玄味噌《しんげんみそ》のように、食塩保存法として、味噌や醤油の塩分を強くしたのである。それが黄色味噌であり、濃口醤油の起源である。

それに対して関西のほうは、瀬戸内海や日本海側の若狭湾《わかさわん》を控えているから、いろいろな海産物が入ってくる。こうした近海海産物は小型の魚が多い。言い換えれば、内臓ごと食べられる魚が多い。目刺《めざし》、梭魚子《いかなご》（小女子《こうなご》）、縮緬雑魚《ちりめんじゃこ》などだが、これらの内臓は有機塩を持っている。さらに京都は、今日でも菜の花《なのはな》漬が名産のひとつになっているように、いろんな草木の芽を食べる。野菜でも新芽が花を咲かせるまでを「薹《とう》」という。この薹を食べる。これもまた多くの有機塩を含んでいるから、改めて塩分を摂取したり、貯蔵する必要がない。そこで、塩分を少なめにした薄口醤油が発達したのである。

こうして、各地方の立地条件に対応して、醤油の品質が異なっている。

日本人の無頓着《むとんちゃく》さがスキヤキを生んだ

さらに気候や風土性も影響してくる。関東の平野部や海に近いところでは、食塩の保存ということとは関係なく、濃口醤油が分布している。これは関東地方が寒さの厳しいところだからである。血液内の塩分量を高めると燃焼作用が盛んになって、体温が上昇する。つまり、体温を高めるために塩分の多量摂取を行なう。そのために、塩分の多い濃口、辛口の醤油を多用する。塩分保存という目的から発想転換して、寒さに耐えるために塩分の強い醤油を使うわけである。

こうして、醤油はその地域の立地条件や風土性にふさわしいものが選択されて使い分けられ、生産されるのである。

そのうえに、使用目的によって、これらが簡単に交流してしまう。

濃口醤油圏は、濃尾《のうび》平野を中心とする愛知県、岐阜県の地域である。だから、当然、濃口醤油が調味料として使われるはずである。ところが、濃尾平野の名物であるきしめん調理というものは、関東のそば汁のように黒いものではなく、薄い関西の味である。

これは、きしめん調理の味として、濃く黒い関東のそれより、関西の薄口の味のほうが「舌」に合うからである。

さらに、刺身を食べるときには溜《たまり》をつける。その刺身の横へ出る汁物は、薄口で味つけされている。煮物は関東の濃口で味つけされている。ひとつ膳の中に三種類の醬油がそれぞれの目的によって、使い分けられているのである。これは、日本人の舌が微妙な味を味分けするからこそ、起こる現象である。

つまり、おのおのの立地条件や気候風土によって生み出された醬油が、今度は、味付けされる食品の種類によって使い分けられていく。

当たりまえのように見えるが、よく考えてみると、大変な発想転換だといえる。

江戸から明治に入った直後に、外国から牛肉を食べる習慣が持ち込まれる。

横浜の元町《もとまち》一丁目に、中川屋嘉兵衛《なかがわやかへえ》という人が、外人向けの牛肉店を開いた。福沢《ふくざわ》諭吉《ゆきち》に「牛肉は世の開けるに従い、誰でも食用するようになる」と奨《すす》められて、中川屋は東京に進出することになるが、さて、牛を肉にするのが大変である。青竹を四本立てて、御幣《ごへい》を結び、注連縄《しめなわ》を張りめぐらして、掛矢《かけや》（大きな木槌《きづち》）でゴツンと殴ったとある。そのあとの処理は、肉だけ取ると、あとは骨も内臓も土に埋めて、お経を上げたと資料が残っている。

神式で事を行ない、そのあとは仏式のお経とは、いかにも日本人らしいやり方で、ここにも日本人の建増し的な精神構造がうかがえるが、とにかく牛肉を食べるという習慣がはじまると、これをまた醤油で味付けする。つまり、牛鍋、スキヤキであり、鉄板焼きである。

今日、醤油によって味付けされるスキヤキや鉄板焼きは、欧米に逆輸出されて、ひじょうに好まれている。けれども、もとはといえば、それまで醤油は魚スキのタレとして使われていただけで、牛肉とはまったく関係がなかったのである。

ソースと醤油の決定的な相違

米が伝来してきたとき、蒸《む》すという調理法が入ってきたように、肉牛が入ってきたときも、当然、調理法が一緒に入ってきている。ステーキにして、ソースで食べるという方法である。

ソースと醤油とは同じ調味料でも、本質的には全然、違うものである。ソースは、単に甘いとか、辛《から》いとか酸《す》いとか、ピリッと辛いとかいった味をつけるために、いろいろな食品を物理的に加工しただけのものである。

醤油は先述したように、酵母《こうぼ》菌の作用によって発酵させ、そしてうま味を出すという化学作用の過程を経たものである。ソースが口に合わないと、すぐ調理法を変えてしまって、魚スキや水炊きに使っていた醬油で牛肉を食べてみる。いうならば、魚スキの魚の代わりに牛肉を使ってみるというのだから、無頓着《むとんちゃく》といえば無頓着である。けれども、「牛肉はソースで食べる」という習慣にこだわらずに、ソースがダメなら醬油で食べてみるというのは、やはり日本人の見事な発想転換による再生産の知恵だと思う。

今日では、素麵《そうめん》やそばは、醬油のダシで食べるのは当たりまえである。

細い麵類で、日本でいちばん古いものは索餅《さくべい》である。太い素麵のようなもので、麦粉《こ》で作ることもあるが、だいたいは米粉で作った。米粉を練《ね》って長いひもをつくり、それを蒸して、味噌のタレをつけて食べる。素麵は禅とともに日本に入って、油で練って塩を入れ、引き伸ばして細くし、乾燥させて食べる、保存用の麵である。これも古くは味噌タレの味で食べた。

江戸時代に入ると、伸ばして刻んだいわゆる切りそば、切り饂飩《うどん》——饂飩は中国の言葉だが——が禅宗寺院の料理法から広がって、素麵、うどん、そばができた。

それを茹《ゆ》でて、やはり醬油のタレで食べはじめる。

そばは、日本人しか食べない食品のひとつで、元は中国の雲南《うんなん》省あたりから、中国の北部を経て、日本に入ったものである。ちょうど、東南アジアの照葉樹林帯文化が入ってきたと同じ時期である。

だから、北から来たそばと、南から来た発酵文化が、日本で鉢合わせしたわけである。すると、日本人はそれを一緒にして、つまり、そばを醤油のたれで食べるのである。

こうしてみると、日本の料理というものは、いわば日本文化の顔である。食膳いっぱいにあらゆる外来文化が複合され、重層的に重《かさ》なり合った日本の歴史がしるされている。そして、外来文化を取捨選択した結果が、民族の好みとして表現され、日本文化の成り立ちを説明する要素が、全部そこに並べられている。

その料理を載《の》せている器《うつわ》ひとつ取ってさえ、それがいえる。日本の器で円形に揃っているのは、むしろ寺院料理である。

懐石《かいせき》料理となると、扇《おうぎ》形になり、花形になり、魚形になり、あらゆる形態がある。ヨーロッパの皿が花形になったのは、十九世紀のことである。日本では平安時代からある。桃山時代になると、菊皿といって花形の皿がいちばん多くできて広がっていく。

江戸時代には舟形、刀の鍔《つば》形、中にはキリシタン好みといって、十字架の皿も出てくる。十字架に食品をのせて食べる、などという発想は、日本しかない。

西洋料理は味わうもので、日本料理は見るものだ、ということがよくいわれる。けれども、それは間違いである。日本人は「うまい」ということを舌で完全に味わい分けるために、「見る」という感覚さえ動員するということなのだ。

日本の料理法は長い経験を必要とする

日本の料理に、食品の中に味をしみ込ませる含《ふく》め煮《に》と呼ばれるものがある。要するに、煮物である。

こういう発想は、基本的には西洋料理にはない。西洋料理は食品自体には味をしみ込ませない。だから、ソースとかドレッシングといったものをつけて食べる。日本の醤油は、初めから煮含ませるための調味料である。どこまでも、うま味をつけるものである。ソースは味をつけるものである。

しかも、日本の料理の基本は、食品そのものが持っている味を消さないで調理することにある。たとえば蕗《ふき》の薹《とう》を煮るとする。私たちが蕗の薹を好むのは、あのほろ苦《にが》さと春の味覚である。それを味覚と嗅覚《きゅうかく》と触覚で感じるからだ。だから、それを消すような調味料は使わない。たとえば、濃口《こいくち》醤油を入れたりすると、蕗の苦味《にがみ》も消えるし、匂いも消える。だから、蕗の薹を調理するときは、熱加工して、釜からあげるその最後の瞬間にわずかに薄口《うすくち》醤油を入れる。すると、蕗の薹のうま味が残ったうえに、しかもプーンと鉄分の匂いが感じられ、しかも、ちゃんと味がついている。

もし、これが蕗特有のうま味も匂いも消すような調理をしていたら、おそらく、蕗の薹の有機塩も、鉄分も発見することができなかっただろう。

日本の調理技術というのは、単に、中まで火が通るとか、食べられる状態にするとかいうものではない。とくに煮物は、中まで、その味付けの味が均等に浸透するように煮なければならないのである。

そこで日本料理の調理師は、食品それぞれに対応した調理の勘《かん》を養成するために、何年もの修業を必要とするのである。

食品の中に味をしみ込ませるというのは、物理的作用である。そうすることによって、味を増殖するというのは、有機化学作用である。その物理と化学の両方を、日本料理の調理師は、経験を繰り返し行なうことによって修得して、はじめて一人前になるのである。これは理論で語れないから、経験によって修得するわけである。西洋料理でビフテキが出てくると、ポテトや豆が別々に茹《ゆ》でられたり、揚《あ》げられたりして横についてくる。そして、それを共通のソースをかけて食べる。日本料理の炊合《たきあ》わせ料理は、たとえば筍《たけのこ》、独活《うど》と高野豆腐《こうやどうふ》を炊く場合、やはり別々に炊いていく。筍《たけのこ》は筍、独活《うど》は独活、高野豆腐は高野豆腐で煮ていく。

ここはポテトはポテトで揚げる西洋料理と同じに見える。だが、目的が違う。それぞれ別に煮られた筍と独活と高野豆腐が、ひとつの皿に盛られて出てくると、もう、ソースはいらない。別々に煮られた三つの食品が、筍は筍的に、独活は独活的に、高野豆腐は高野豆腐的に、それぞれの味を持ちながら、うま味という点で共通の味になっているのである。

したがって、日本料理は、調理過程にひじょうに時間がかかるし、また、調理に長い経験を必要とする。これが高価とつながる点には問題がある。けれども、その結果として、世界中、誰もが味わえない、自然と人間とが味覚を通じて調和する喜びを楽しむことができるのである。

こうした日本料理の基本は、当然、私たちの日常生活の中の家庭料理に生かされている。日本の主婦は、日常の惣菜《そうざい》づくりの中で、半ば習慣的にこれを行なっているのである。

日本料理の神髄《しんずい》は自然と親しむこと

西洋人は、いかにして自然の味を消してしまうか、いかに自然を征服したかということを舌で味わう。これが、西洋料理の基本的な姿勢である。

日本人は、舌を通じて自然と交流し、いかに調和していくかに喜びを感じる。そのために、自然の味を消さないようにする。それが日本料理の基本的な姿勢である。

簡単にいえば、西洋人はサラダというものを常食とする。いわゆる生《なま》で食べられる野菜に、ドレッシングをかけて食べる。生で食べられない野菜は、煮込んでソースをかけて食べる。

日本人は生で食べられない野菜でも〝おひたし〟といった形で、少し火を通すことによって、もともと野菜が持っている味を生かして食べる。日常の野菜の食べ方にも、これだけの差があるのである。

日本人の自然や外来文化に対応する姿勢は、食生活だけをとってみても、ひじょうに複雑で多様である。生で食べられるものは、なるだけ生の味を生かして食べる。少し火を通すだけで食べられるものはそうするし、煮込む必要のあるものは煮込む。それを三種類の醬油という調味料を使い分けることで、多種多様な食品を食膳に上《のぼ》す。よく日本人は、淡白で粘りがないといわれるが、それは一面的な見方である。もし、そうなら、私たちの食膳ほど深く自然と交流することは不可能だろう。これほど多種多様な食品を食膳に上すことはできないだろう。私は、日本人の一日の食生活の中にさえ、大胆で図太く、無頓着にみえて、じつは、ひじょうに繊細で重層的な日本人の精神構造を見るのである。

江戸時代の狂歌《きようか》師、戯作《げさく》者で有名な蜀山人《しよくさんじん》（大田南畝《おおたなんぽ》、一七四九～一八二三年）の『一話一言《いちわいちげん》』に「五歩に一楼《ろう》、十歩に一閣《かく》、皆飲食の店ならずということなし」という記録がある。江戸の町内に、いかに飲食店が多かったか、という記録である。

文化文政《ぶんかぶんせい》年間（一八〇四～一八三〇年）には、江戸に六千軒を超える飲食店があって、あらゆる食物が賞味されている。この頃に流行した遊びに「賭《か》け茶」がある。これは、いくつもの土瓶《どびん》に入れた煎茶《せんちや》を飲み分けて、その茶の産地、水の出所をあてる遊びである。つまり、江戸市民がどれだけ繊細な味覚の持主であるかを証明する遊びだろう。

少々長いが、こんなエピソードもある。今日の浅草の山谷橋《さんや》あたりにあった「八百善《やおぜん》」という店の話である。

ある日、粋《いき》が売りものの数人の客が行って、「お茶漬」を注文した。ところが、待てど暮らせど茶漬が来ない。半日ほど待って、やっと出てきた。待つほうも待つほうだが、当時は、ノンビリしていたのだろう。茶漬を食べて、金を払おうとすると、一両二分だという。今日のお金で四万円ほどだろうか。「いくらなんでも高い」というと、主人がこう説明したという。

「いえ、けっして高過ぎるということはないと思います。香《こう》の物は冬には珍しい茄子《なす》、胡瓜《きゆうり》を使い、茶は宇治《うじ》の玉露《ぎよくろ》を、米は越後《えちご》米の一粒《ひとつぶ》選《よ》りを使ったのはともかくとして、いちばん、金を要したのは、その茶に合う水で、宇治の上茶に合わせるため、付近の水はまずいので、わざわざ早飛脚《はやびきやく》を雇って玉川上水の取入口《とりいれぐち》（現在の羽村《はむら》市）から水を運んだので費用がかかったことです」

以来、八百善はますます繁盛したというのである。今日ではプレイボーイというのだろうか、当時の粋人《すいじん》の話だから、これをもってただちに、日本人の精神構造を代表させるわけにはいかないだろうが、日本人は、そう淡白で粘りのない性格の持主だったとは思えないのである。

床《ゆか》を道路の延長とみる西洋の家屋

日本人が約四百年前に、百種に近い品種改良米を持っていた、と前に述べた。品種改良というものは、良いものを選んで、悪いものを捨てるという行為を、何年間にもわたって積み重ねることで、はじめてできることである。

それを、日本の農民が粘り強くできたということは、私たちの持つ日本文化もまた、そうした取捨選択の積み重ねによって、できあがったのではないか、という視点を私たちは見落としていたのではないだろうか。

私たちは、日本の文化の前近代性、後進性を指摘することを急ぎすぎて、江戸以前の日本人に対する、公平な視点を欠くきらいがないでもなかったと思う。

今日、私たちはモルタルや鉄筋の住まいを造って、土足で上がっていくことを、生活習俗の中に取り入れている。

私は学生時代に、なぜ、日本人は履物《はきもの》を脱《ぬ》ぐか、西洋人はなぜ、土足で入っていくかとひじょうに疑問に思ったことがある。これは、単なる思いつき的発想にすぎないと思うが、西洋の都市は、道路が石で完全舗装してある。日本は、道路が土で履物が汚れる。だから、西洋人は家の中も靴でいいので、これは日本の文明が遅れている証拠だ、という観察を耳にしたことがある。

果たして、そうだろうか。確かに西洋の都市部は土に直接触れることがないほどに道路の舗装が完備している。けれども、田舎へ行ってもやはり、西洋人は靴で部屋の中に入っていく。たとえ靴が汚れていてもである。

私が考えるには、これは、住居というものに対する発想の違いだと思う。

西洋人の住居における仕切り壁は、いわば日本の垣根《かきね》にあたる。彼らの住んでいる床面《ゆかめん》は、日本の庭に相当する。そして、彼らの椅子や寝台は、日本の住居の床《ゆか》にあたるものだと考えられる。それは、両者の日常生活における住居の使い方を観察してみると、よくわかる。

彼らが靴を脱ぐのは寝台に入るときである。何か用事があって椅子に上がるときも、上品な人は靴を脱いで上がる。私たち日本人が履物を脱ぐのは、玄関であって、庭や垣根の内外では脱がない。また、私たちは家の中へ入って履物を脱いだら、彼らがベッドの上でするように床の上では、寝転んだり、直接、すわったりする。

言い換えると、彼らにとっての床面とは椅子の上であり、ベッドの上である。したがって、彼らはひじょうに狭い床面積の中で生活をしているわけである。日本の家屋の場合は、床そのものがベッドであり、椅子であるから、いうならば、ひじょうに広い寝台と椅子を使って生活しているといえよう。

西洋人は、この頃の若い人たちはそうでもないが、一般には、床にすわらない。床にすわるのは、西洋ではあまり上品なこととはされていない。日本人が庭に直接、すわることがないのと同じである。

したがって、西洋文化では、家の中は道路の延長であり、庭であり、路面であり、ベッドと椅子が床なのである。

こうした違いが、なぜ起こったかは、やはり日本の風土に大きな関係があると思われる。日本は湿気がひじょうに多い。それに対応するためには、住居の下も上も、それから周囲も、湿気を防ぐ構造にし、材料もまた、そういう材料を使う必要があった。

その結果、木造の日本家屋が完成したと考えるべきだ。西洋の場合は、屋根で雨露《うろ》を防ぎ、壁によって外気を遮断すれば、それでこと足りたのである。

奈良時代、すでにできたレンガを、なぜ棄《す》てたか

これは、どちらがすぐれているという問題ではなく、それぞれの気候風土に対応して生まれた生活の知恵であろう。

ただ、日本の場合、家屋建築の材料として木材しかなかったから、木造になった、という発想はあまり正しいとはいえない。確かに木にひじょうに恵まれていることはある。それが、湿気が多く、しかも地震などの自然災害が心配される日本にとっては、ひじょうに幸いしていることは事実で、これはむしろ、自然の恵みを喜ぶべきであろう。

しかし、日本が木材家屋になったのは、けっして石やレンガによる建築が、技術的にできなかったからではない。

日本人が、レンガや石造建築をやらなかったのは、それなりの理由があった、と考

えるべきである。

日本人は、昔から立派な瓦を焼いているし、また日本は地質自体が陶土と粘土に恵まれた国である。むしろ、世界でも珍しいくらいに恵まれているから、日本全国で必要なら、レンガを焼くくらい、何でもないことであった。

今日の世界陶器の二、三〇パーセントが、日本製であることを考えれば、それはすぐ首肯《しゆこう》できるはずである。日本には、今の状態で陶器を生産しつづけても、数千年間はなくならないだけの陶土がある。粘土はなおさらである。したがって、もし、陶製か土製のレンガ造りの家屋をつくることが必要なら、当然、レンガ造りにすることは可能だったのである。

しかも、日本は一度、それを経験している。東大寺など、奈良時代の寺院の床は、磚《せん》と呼ばれるレンガ板である。なかには、レンガに仏像をレリーフ（浮彫り）したものもある。平城京《へいじよう》、平安京《へいあん》などは、全部レンガ敷きである。

だから、一度はやってみたのである。しかし、それを中止した。なぜやめたか。

やはり、レンガでは日本の風土に合わなかったからである。レンガは地面にくっついて、空気中の湿気を吸ったり吐いたりすると同時に、地面の水分も吸ったり吐いたりするのである。レンガという素焼《すやき》性のものは、保水性といって、常に水分を飽和点まで蓄える性質を持っている。

したがって、家屋にこれを使用すると、常に湿気が吸着されていて、居住空間内の湿度が上がってしまう。すると、もし、レンガ造りの家屋に住むとなると、ドアも窓も全部、開け放しにして、屋根を支える柱だけにすれば住めなくもない、という状態になるのである。

こうして日本人は、レンガを住居に一度は使用したが、それが湿度の高い日本では不合理であることを知ると、奈良、平安時代に捨てたのである。

それを忘れて、西洋文化が大量に流入した明治時代に、レンガ造りの家屋を建築した。

今日ではなくなったが、江戸城の前の丸の内ビル街に、明治三十八年ごろからレンガ建築を近代的と考えて、次々と建築した。これが「一丁《いっちょう》ロンドン」といわれた、旧三菱の建物である。ところが、建ててみてわかった。室内のレンガにびっしりと白いカビが生える。それを防ぐために内側の壁に漆喰《しっくい》を塗るのだが、いくら塗ってもすぐに剝《は》げ落ちてしまったのである。

湿気の多い日本に適した木と紙の家

日本では、湿気が多いから、レンガという焼物では、室内室外の湿度が高まり、バクテリアが発生して、壁に白いカビが生えるのである。

明治年間に、学校の図書館をレンガ造りにしたために、書物が湿気を吸って全部ダメになってしまった例が多い。したがって、今日では、レンガ造りの書庫や倉庫は造られていない。レンガ風にみえるものは、外側に装飾的にレンガ状のタイルを張ってあるだけである。

東京駅の丸の内側も、レンガ張りである。

つまり、レンガ造りの家屋は、できないから、やらなかったのではなく、長い歴史の過程で、適性のない栽培品種を捨てたように、捨てたものなのである。家屋としては不適当だから、採用しなかったのである。

木というものは、人間の肌と同じレベルの生活条件を持って生きている。日本人はそこに着目して、木材を建築材として選択したのである。湿気の多い風土の中で、日本人が住むにはちょうどいい状況をつくってくれるから、木材を採用し、木造建築を発達させたのである。

日本の泥壁《どろかべ》、荒壁《あらかべ》もまた、単に簡単に手に入るから使ったのではなくて、やはり湿気を吸って、吐き出す呼吸の水準が、ちょうど、人間の身体に合うから採用したのである。

さらに、天井板の重ね張りという方法も、換気空間である屋根裏との空気の適度な流通を考えたうえで、完成した技術である。畳《たたみ》もまた、そうである。

このように、日本を代表する木造の日本家屋は、日本の風土に適応するように、石器時代の竪穴《たてあな》式住居にはじまって、弥生《やよい》文化の高床《たかゆか》住居になる。そこに、中国文化の影響を受けた八世紀以後の日本の宮殿や貴族建築ができて、それがまた民家に取り入れられて、最後に選ばれたのが、今の日本の木造家屋なのである。ここに至るまでに、数かぎりない取捨選択が行なわれてきたのだと思う。

そこに、西洋の建築様式が入ってきたわけである。すると、日本人はガラス戸をはめたり、寝台を置いたり、椅子を置いたりして、それをまた発想転換して使おうとしている。

それはそれでいいとしても、日本人がなぜ、蒲団《ふとん》という移動性の寝台を考え出したかというと、やはり湿気が多いから、ときどきは日光に当てて、殺菌し、湿気を抜いてやる必要があるからである。ことに梅雨期においては、敷きっ放しになっているベッドの中の湿気を考えると、私などには、とても寝られたものではない。

また、日本家屋の構造そのままの状態で、サッシをはめるというのは、ひじょうに不合理である。サッシをはめるなら、一方で、人工換気をやっていないと、一種の窒《ちっ》息《そく》現象を起こす。

日本の風土では、外気と生活空間の空気が常に交流することが、ひじょうに大切な条件である。

外国の場合のように、生活空間と外気を完全遮断しなければならないほどの温度差は、日本にはない。ヨーロッパへ行ってみると、日中はおそろしく暑いのに、夜はまた極端に寒い。それは湿気が少ないためである。乾燥しているのである。それに対応して、ヨーロッパでは、外気と室内の空気を遮断することが必要だから、窓を小さくとった石造りの建築が定着したのである。

日本は湿度が高く、またそのために温度の急激な変化を湿気が抑えているから、空気を遮断する必要が少なく、むしろ、湿気にどう対応するかが問題だったのである。

そこで木と紙、あるいはカーテンのような布で適当に遮断しながら、湿気と対応してきたのである。

ヴェルサイユ宮殿と伊勢《いせ》神宮の違いは？

今日、ガラスとコンクリートの建築が盛んに行なわれている。それは時代の要請でもあろう。しかし、そこで快適に生活するためには、人工換気装置である空気調整機械や除湿器が生活必需品になってくる。つまり、エネルギー資源を大量に消費することでしか、快適な生活を送れないという事態を招いているのである。

そういう意味では、木造の日本建築は、もっとも日本の風土に適応した、ひじょうに経済的な建築様式だったといえるかもしれない。

ただ、江戸時代には、何度も大火に見舞われていることは先に述べた。それは、当時はほとんどの家が板葺《ぶ》きの木造建築だったからだということができる。

すると、いま「日本の風土に適応した家屋」という面から振り返ってみるとき、日本の木造住居について残された宿題は、この「火」にどう対応するかという問題だけかもしれないのである。

今日、日本には、いくつかの歴史的な建築物が残されている。

その中で、日本を訪れた西洋人がいちばん称賛するのは、徳川家光《いえみつ》が建てさせた日光《にっこう》の東照宮《とうしょうぐう》である。もちろん、例外的な西洋人もいるだろうが、平均的には東照宮だといっていい。

それを聞くたびに、私の脳裡《のうり》をかすめるのは、フランスの十七世紀末に建てられたヴェルサイユ宮殿と、伊勢《いせ》神宮という二つの建造物である。そして、民族や風土による感情の相違というものについて、改めて考えさせられるのである。

ヴェルサイユ宮殿は、ブルボン王朝が帝王権力の極限に達したときに建てられたものである。ひじょうに装飾性が多いもので、どの柱もどの欄干《らんかん》も、どの空間も、日光東照宮以上の金銀、その他の彩色がほどこされている。さらに、当時の装飾絵画の大家たちの絵で、びっしりと埋めつくされている。その豪華さは目を奪わんばかりである。

ヴェルサイユばかりでなく、西洋の文化遺産として残されているものの多くは、「豪華絢爛《けんらん》」という形容詞は、そのためにあるのではないかと思うほど、見事な装飾がほどこされている。とくに宮殿と寺院とがそうである。

けれども、それを見ていると、私はつい考え込んでしまうのである。結局、これでもかこれでもかと、帝王の豊かさを色と形のうえに表現した宮殿、そういうものが、果たして高い文化といえるのだろうか、と思うのである。日光の東照宮は極端として、それほどでなくても、日本でもそうした装飾性の高い建築物は他にもある。

権力の象徴・東照宮《とうしょうぐう》、精神の象徴・桂離宮《かつらりきゅう》

東大寺南大門《なんだいもん》は、屋根を組むのに柱に直接梁《はり》を置かない。肘木《ひじき》を置き、枡《ます》というものを置いて、さらに肘木を置いて組んでいくという方法で建てられている。これは地震のときに、大きい屋根が崩れないように、力を分散する方法として考案された、すぐれた知恵である。けれども、やがて装飾になってしまう。つまり、初期の目的を超えて過剰になってしまうのである。

さらに軒裏《のきうら》に垂木《たるき》をわざと出して、それを赤く塗る。垂木と垂木の間を白く塗る。すると、赤と白の美しい格子模様ができる。柱も赤く色を塗り、さらに絵を描いてみたりする。

平安京内裏《だいり》のひとつ、清涼殿《せいりょうでん》などもそうである。蔀《しとみ》の障子などは、板に絵が描いてある。さんざん絵を描くけれども、きりがない。ついにやめてしまって、一色にす

る。しかも、色を塗らない。白木のままで置く。

豪華なことでは、足利義満《あしかがよしみつ》が建てた金閣《きんかく》（一三九七年）もそうである。いちばん最初に建物に金を張ったのは、法成寺《ほうじょうじ》（一〇二〇年）を建てた藤原道長《ふじわらのみちなが》である。道長が金を張ったので、その子の頼通《よりみち》が、宇治《うじ》の平等院《びょうどういん》（一〇五二年）に金を張って、絵を描いた。

それを見て、奥州《おうしゅう》の藤原秀衡《ひでひら》が中尊寺金色堂《ちゅうそんじこんじきどう》（一一二四年）を建てる。これは建物の内外を黒漆《くろうるし》で塗って金箔を張り、内部の長押《なげし》、柱、須弥壇《しゅみだん》などは金蒔絵《きんまきえ》、螺鈿《らでん》、極彩色《ごくさいしき》をほどこし、要所要所には、宝相華文《ほうそうけもん》を透《すか》し彫《ぼ》りにした金具を打つという豪華さである。屋根にも木瓦に漆を塗って金箔を張ったので、雨が降ると金色の水が落ちたといわれるほどである。

いわば、ヴェルサイユ宮殿にやや近いくらい、これらの建築物は装飾性が強い。強大な権力を持った者ほど、自己の権力を誇示するために豪華さを競《きそ》う。

日本でも、そういう時代を経過するのである。それをやりたくて、できなかったという足利義政《あしかがよしまさ》の銀閣《ぎんかく》（一四八九年）に至って、はじめて財力でなく、教養が現われてくる。銀を張ろうとして、二階の一部だけ張ったが、そのまま中止になった。のちに、庭の銀砂《ぎんさ》（実際は白砂）の表面の角度を調和させて、月の光が銀を張った部分に反射して当たるようにしてある。銀板に光が反射すると明るくなるわけで、一種の光線の屈折を利用した採光である。

銀砂の台は三つあって、それぞれ高さが違うが、いちばん高いのが二階の天井へ光を反射するように、あとの二つも、それぞれ一階に光を入れるようにできている。財力がないために生まれた知恵である。

江戸時代に入って、徳川家光が日光の東照宮を建てる。これは、この時期に中国の建築技法が伝わって来て、その影響を受けてできたのである。

ひじょうに興味深いのは、ちょうど、東照宮が造られたとき、一方、京都では桂離《かつらり》宮《きゅう》（一六二〇～二四年）が建てられていることだろう。

日光東照宮と桂離宮では、これが同じ民族が造ったものか、と思われるくらいの相違がある。日光東照宮が、時の権力の結晶とすると、桂離宮は、桂宮《かつらのみやけ》家の別荘で、権力とはほど遠く、純粋に精神文化の表現ともいうべき建築物である。

「日本建築には一貫性がない」は皮相《ひそう》な見方

明治に入ると、今度は西欧文化をそっくり真似て、ヴェルサイユ宮殿と大きさも同じ、鉄格子《ごうし》も同じ、ただ違うのはヴェルサイユ宮殿が正方形で、日本のは奥行きが狭いだけという、ミニ・ヴェルサイユ宮殿ともいうべき赤坂離宮《あかさかりきゅう》を造る。

こうして、その時代、その時代を象徴する建築物を、タテの時間軸で眺めてみると、日本の建築文化というものには、少しも一貫性がない。つまり、外来文化のもたらしたその時代ごとの異なった建築様式が、重層的に積み重なっているだけである。ときには、日光東照宮と桂離宮のように、同時代でありながらも、まったく異なった建築様式が共存したりしていることもある。

その間で、日本の民衆は権力者が建てる建築物の中から、自分たちの住居に利用できるものをそれまでの住居に調和させながら、取り入れていく。

したがって、そこには権力者たちのそれぞれの建築物の間に見られるような、断絶的な積み重なりがないのである。わずかずつ変化しながら、むしろ一つの層に変わろうとする過程を、いつも歩んでいるのである。

これが日本文化の前進の姿だ、と私は考えたいと思う。

あるものは消されて放棄される。あるものは新しく取り入れられる。これを無限に繰り返していく。

「道」とは限りなきものをいう。日本の文化は、外来文化の刺激を受けるたびに少しずつ、それを取捨選択して重ね合わせながら、長い道を歩んでいるのである。

だから、その途中だけを引き出してみると、大変異質なものもある。権力者が、権力と財力を誇示するために行なったことは、だいたいにおいて、ひどく異質である。日本の文化の大きな流れからいうと、あまりにも外国的であったり、日本人の気質に合わないものであったりする。

そして、建築様式でいえば、過剰な装飾がとれて、最後は伊勢神宮のような、直線と直線だけが交差する単純な美しさ、あるいは、自然を生かした美しさ、つまり、簡素な美というところに帰っていく。伊勢神宮の美しさは原始的な素朴さがあり、省略の極限の美である。

したがって、現在の前衛芸術と同じである。それらは、白紙に点を一つ落としただけで、すべての森羅万象《しんらばんしょう》を結集した美しさを表現する場合さえあるのである。

たくさん、ごてついたものを重ね合わすことが、高い文化で、その量の少ないことが低い文化だという機械主義的計算は、文化評価のうえには成り立たないと思う。

日本の住宅が、直線と直線の交差だけからできているということは、針葉樹《しんようじゅ》という木しか使えなかったということもあるだろう。けれども、いろいろな美の遍歴《へんれき》を経《へ》た結果、到達した日本の風土と日本人の心の合流点が、「省略、簡素の美」ではないかと思うのである。

結局、日本文化全体が、茶道《ちゃどう》とか華道《かどう》でいう人間修業と同じ意味で、一つの大きな生活道を歩んでいるのだという見方も成り立つと思う。

なぜ高松塚《たかまつづか》古墳には仏教色がないのか

先年、奈良県高市《たかいち》郡明日香《あすか》村平田《ひらた》で、高松塚《たかまつづか》古墳の壁画が発見されて、大きな話題となった。この発見で、私がいちばん興味深く思ったことは、この古墳の壁画に、まったく仏教色がないということであった。

高松塚古墳ができたのは七、八世紀ごろとされている。

日本に仏教が伝来したのは六世紀のことで、七世紀の前半には、聖徳太子《しょうとくたいし》による法隆寺が完成している。八世紀の初頭には奈良の都（平城京）がつくられている。したがって、高松塚古墳がつくられた七、八世紀といえば、従来の歴史では、仏教がいちばん盛んな時代とされている。にもかかわらず、高松塚古墳には、日本に仏教が盛んであったことを裏づけるものは、何ひとつ出てこなかったのである。出てきたものは全部、中国の道教《どうきよう》の影響を示すものばかりである。

壁画に描《か》かれている玄武《げんぶ》（奥壁）、青辰《せいしん》と日輪《にちりん》（東壁）、白虎《びやつこ》と月輪《げつりん》（西壁）、星宿《せいしゆく》（天井）の絵は、いわゆる「日月星辰《じつげつせいしん》」であり、四神《しじん》信仰の存在を示すもので、これは道教《どうきよう》の信仰である。道教とは、中国における自然崇拝である。それが壁画に描かれていて、仏教の象徴である蓮弁《れんべん》とか仏像は、いっさい、描かれていない。

一方、これとほぼ同じ時期に、法隆寺《ほうりゆうじ》の金堂《こんどう》壁画には、釈迦《しやか》三尊の絵が描かれている。

最近の学説では、高松塚古墳の壁画と、法隆寺金堂の壁画の間には、あまり時間のへだたりはないと考えていい。

すると、当時の日本には、このまったく異質な宗教が併存していたということである。一方は寺院の中に、一方は墳墓の中に、である。しかも、日本の正史では、仏教の伝来こそ、やかましく書かれているが、中国の道教が日本に入ってきたことなどは、どこにも書かれていない。

すなわち、高松塚古墳の壁画の発見は、当時、日本人の宗教として、仏教の信仰が盛んであったという歴史記述に対して、墳墓の中から異議をとなえたようなものだ、と考えていい。そういう意味で、高松塚古墳の発見はひじょうに衝撃的だったのである。

開かれた宗教観を持つ日本人

この墳墓からの異議申し立てに、答えとして出てきたのは、渡来人説である。高松塚古墳の壁画を描いたのは、七世紀のはじめに朝鮮から渡来した黄文画師《きぶみのえし》たちだという説である。しかし、これにも確証がない。

ただひとつ、確かなことは、墳墓の主が誰であれ、墳墓という死後の世界に、道教の四神《しじん》信仰が存在したということである。

日本のいちばん古い信仰は、どの文明もそうであるように、「すべてのものに神霊がやどる」という一種のアニミズム的な土着の原始信仰だったであろう。

それが、稲作農耕がだんだん定着して農耕社会になってくると、必然的に稲の守護神である陽《ひ》の光を中心として、「すべてのものにやどる神霊」の組織化が起こってくる。

太陽を最高神とする神の世界を、だんだんと組織立てていく。やがてそれは、多神教的な形をとりながら、そこに一つの神観が形成され、日本の神道《しんとう》というものの原理ができていったと考えていい。

したがって日本の神観は、厳密な一神教ではなく、むしろ多神教的、原始信仰的要素をたくさん持ちながら形成されたのである。多神教的ということは、一神教のような排他的要素が少ないということである。つまり、他の宗教に対して、開かれた宗教ということである。したがって、外からやってくるいろいろの宗教を、そのうえに受け入れていく素地を持っているわけである。

そこで、私の考えでは、まず中国文化の伝来とともに、中国の自然信仰であり、民間信仰である道教が、日本の神道《しんとう》にオーバーラップ（重なる）する。そして、それを媒体《ばいたい》として、さらに仏教が乗っかったと考えるのが、いちばんムリのない考え方ではないかと思う。

つまり、仏教もまた、インドからいきなり入ったのではなくて、まず中国に入り、中国在来の道教と一度、習合《しゅうごう》する。道教とくっつき合いながら、中国に定着しているのである。

日本へ最初の仏像が入ったのは、欽明《きんめい》天皇の十三年（五五二年）だとされているが、仏教が日本に定着するには、当然、時間がかかるわけである。いきなりくっついてはいない。やはり、道教を媒体とし、日本の在来信仰に近い道教を接着剤として、仏教は、日本の在来信仰に定着していったと見るべきである。

したがって、道教の存在が墳墓によって証明されたということは、たいへん意味深いことなのである。

つまり、仏教は、日本伝来からわずかの年月にして、法隆寺やその他の寺院がつぎつぎに建立《こんりゅう》されていったことでもわかるように、確かに絢爛《けんらん》とした花を咲かせていた。けれども、それは地上においてのことであって、墳墓という死の世界、地下の世界、すなわち日本人の心の深層には、まだ仏教は及んでいなかった。

「神前結婚、仏式埋葬」は矛盾《むじゅん》ではない

高松塚古墳が仏教の盛んな時期につくられたものであるにもかかわらず、いっさい

の仏教色を持っていないということは、それを証明するものとして、貴重な資料だと、私は思うのである。

寺院の建立《こんりゅう》が盛んに行なわれ、仏教信仰が奨励《しょうれい》されたからといって、いきなり、当時の人々が仏教を生活信仰として受け入れていたとするのは、ムリだと思う。

生きている世界では、確かに仏教を信仰したかもしれないが、死後の世界には、まだ自然信仰的なものが残されている。

それが、正直な日本人の生活信仰であったと、私は考えるのである。

当時、皇室を中心とした信仰は、確かに仏教である。仏教は絵画、彫刻、建築といった技術面においても、高い文化を持っていた。

けれども、高松塚古墳ができたのが八世紀の初頭とすると、奈良の都ができたそのころには、仏教は日本人の精神構造を支配するほどの影響力を、まだ持っていなかった。

そのころの一般民衆の生活の中には、仏教は入っていなくて、生活技術の中に入っているだけだった、と見るべきだろう。

先述したように、日本の在来信仰というものが、他の宗教を排撃しないで、受け入れる性格のものであるということは、そういう重層構造的な精神構造を持っているということである。

江戸時代の人々が、死後の世界は檀家《だんか》という形で寺院にまかせ、一方で、祭りは神《しん》道《とう》の世界でやる。それを、ちっとも不思議とは思っていないのと同じである。

なぜ江戸っ子は祭りが好きなのか

徳川幕府が江戸に居城を定めてから、明治に至る約二六〇年間に、江戸の庶民人口は、一二〇万人を超える。

家康が天正十八年（一五九〇年）、江戸入りする前の土着の江戸っ子は、先述したように約二千人である。だから、のちの江戸っ子というのは、もとはといえば、ほとんど全部、他国者《よそ》である。

江戸の庶民人口が急激に増えだしたのは、参観交代《さんきんこうたい》を始めた寛永十三年ごろからで、元禄時代（一六八八〜一七〇四年）で約八〇万人、文化・文政年間（一八〇四〜一八三〇年）で一〇〇万人、幕末で一二〇万人である。

こうした庶民の大部分は、下町に定着していくが、他国者の集まりである彼らが、やがて共同、連帯の意識を育てあげ、おまけに「江戸っ子だい！」というプライドまで持って生活していくようになる。

その連帯意識を強めていくのに、大きな役割を果たしたのは、祭りである。

たとえば、神田明神《かんだみようじん》に参拝することによって、やはり神田明神を拝《おが》んでいる人との間に、共通の氏子《うじこ》だという連帯感ができていく。

浅草の三社権現《さんじやごんげん》の氏子だとか、深川八幡《ふかがわはちまん》の氏子だといったことが、お互いの意思疎《そ》通《つう》のもとになって連帯感が生まれ、その連帯意識を確認する行為が「祭り」である。

江戸っ子の祭り好きというか、祭りに対する熱の入れ方は有名なもので、いろいろなエピソードが残っている。

大工職人が大工道具を売りとばしたり、女房の着物を質屋に入れたりして、お金をつくり、それで何をするかというと、おそろいの祭りの衣裳を買うわけである。こうした非常識なことをしてでも、江戸っ子は祭り付合いというものを大事にする。大義《たいぎ》名分《めいぶん》は神社の祭りに奉仕することだから、悪いことをやるわけではない。けれども、自分の生活水準を超えたことでも平気でやるという非合理さがある。しかし、この非合理は、結果においては、たいへん合理的なのである。

江戸っ子にとって、祭りに参加することは連帯意識の確認行為である。だから、それに参加しないと、共同体から除外されることになる。除外されると、もともと他国者だから、江戸につなぎとめる絆《きずな》が切れてしまうのである。少々、非合理なことをやっても、参加さえしていれば、明日からの生活は保証される。その結果、祭りはますます盛んになっていったのである。

連帯を確認した三大祭り

俗に「江戸三大祭り」といわれる。三大祭りというから、神社も三つかというと、実は四つある。

一つは、江戸城の鎮守《ちんじゅ》、鎮護《ちんご》の神だといわれた赤坂《あかさか》の日枝山王《ひえさんのう》神社。赤坂は江戸城から見て西南にある。だから、日枝山王神社は、江戸城の西南を守る神社である。

中国の道教では西南、東北という方角がいちばん危険な場所とされている。江戸時代にも、この道教の思想が神道《しんとう》に重なって生きている証拠だが、あとの東北という危険な場所を守っている神社が、湯島《ゆしま》の神田明神《かんだみょうじん》である。

神田明神は、もとは大手門《おおてもん》のところにあったものを移したものである。これは平《たいらの》将門《まさかど》を祭神としたものである。平将門は平安中期の武将である。彼は民衆の味方をして活躍したというので江戸っ子に人気のあった武将である。この平将門と、国土開拓の神である大国主命《おおくにぬしのみこと》を合わせて祭ったのが神田明神である。

つまり、日枝山王神社と神田明神が、江戸城の鬼門《きもん》を守る神社である。

三番目が、浅草《あさくさ》の三社権現《さんじやごんげん》である。

浅草三社権現は、浅草寺《せんそうじ》と境内《けいだい》を共通にしている。神仏が一緒だった時代の名残りである。この神社は、江戸城とは関係がない。

浅草寺の観音は、推古《すいこ》天皇時代（五九二～六二八年）、檜熊浜成《ひのくまはまなり》と武成《たけなり》兄弟が、隅田川《すみだがわ》の駒形橋《こまがたばし》付近で魚を漁《と》っていたときに、網にかかってきたものだといわれている。

浅草寺は、江戸を代表する民衆の寺院として栄える。江戸にはひじょうに寺院が多いが、ほとんどは大名と将軍家の菩提寺《ぼだいじ》である。純粋に民衆のみの寺院というのは、浅草寺だけである。

したがって、浅草寺には諸大名や将軍家の保証はなにもない。それがまた、江戸っ子が浅草寺を大切にする原因にもなっている。

浅草三社権現というのは、浅草寺のもとをなした檜熊兄弟、それにふたりの祖先を祭ったもので、今日では浅草神社といっている。江戸っ子にとっては、大切な神社だったのである。

四番目が深川八幡《ふかがわはちまん》である。時代とともに、江戸の市中人口がだんだん増えていく。向島《むこうじま》から始まって亀戸《かめいど》あたりまで、昔は農村だったところが都市化していく。すると、深川門前仲町《もんぜんなかちょう》というところに遊廓もでき、隅田川付近の江戸っ子の盛《さか》り場になった。そこで隅田川の東にある深川に、深川八幡宮を祭ったのである。

この四神社が、江戸の代表的な神社として「祭り」を行なったのが、江戸三大祭りである。

四社あるのに三大祭りというのは、実は交代祭祀《さいし》をやったのである。

神田明神だけは毎年行なったが、あとの日枝神社、浅草三社権現、深川八幡は、お互いに協定しあって、何年に一回という具合に交代祭祀をやった結果である。

そして、江戸っ子たちはこの祭りを通して、先述したように、江戸っ子同士の連帯意識を確認し合ったのである。

幕末まで、江戸で一揆《いっき》がなかったのは？

江戸時代に、幕末の混乱期を除いて江戸では一度も一揆《いっき》が起こらなかったと述べた。また、幕末から明治維新にかけて、倒幕運動が起こったときにも、江戸市民からそれに参加しようとする運動は起こっていない。

だいたい、為政者に対して、被為政者はいつも対立、抵抗するのが歴史の常である。ところが江戸っ子は逆に、それが自分たちの味方であると信じて、徳川家を支持する。

その理由は、先述したように、飢饉《ききん》のときや火事のときに、救米《すくいまい》を開放したり、さまざまな行政的な配慮がゆきとどいていたということもある。けれども、ひじょうに大きな理由となったものに、この「祭り」がある。

神田明神や日枝神社の祭りのとき、神輿《みこし》が江戸城の大手門に入っていく。大手門の橋の上で、将軍家の使いから奉戴物《ほうだいもの》という供物《くもつ》をもらって大手門を出る。

それから、竹橋《たけばし》のほうにまわって、今日の皇居・西の丸になっているところへ神輿が入っていく。神田明神も日枝神社も江戸城の守護神だから、江戸城の中を通るのである。

西の丸に「上覧《じょうらん》の場」という桟敷《さじき》がある。将軍と将軍家の家族が桟敷へのぼり、そこで民衆がかついだ神輿を参拝する。これが江戸っ子にとってはうれしかったのである。天下の実権者である将軍が、自分と同じ氏子だという意識がそこで確認されるのである。

江戸っ子が「神田の生まれだいっ」と自慢するのは、実は、天下を支配する将軍と同じ氏子であるという、毎年の祭りの確認行為によって生まれたのである。

同じように、新橋から溜池《ためいけ》付近に住んでいる江戸っ子たちも、日枝神社の同じ氏子として、それを誇りにする。

江戸という都市は、植民地だから、元来は何も自分たちを支えるものがない。それが祭りを通して連帯していく。為政者もまた、わざわざ神輿を城に入れたりして、その意識に乗っかっていく。

神田明神や日枝神社の同じ氏子という意味で、将軍と民衆が平等なヨコの連帯意識を確認する。つまり、民衆のヨコの連帯意識の中に、為政者が信仰という形で連携しながら、その上にタテの支配関係を乗せている。

それがまた「江戸っ子」という形で、ヨコの連帯意識を強化することにもなっていく。

これらのことが、江戸城下で、一揆《いっき》や倒幕運動が起こらなかった大きな理由である。

宗教人口が人口の一・五倍という不思議

祭りは神社、つまり神道《しんとう》の信仰である。この信仰は、江戸っ子にとって生活の保証にもなる重要なものである。にもかかわらず、彼らの戸籍は、檀家という形で寺院に属している。寺院は仏教で、親が亡くなったといえば、お寺で葬式をやる。つまり、江戸っ子は神道と仏教の両方を信じているわけで、一神教的な宗教観からすると、大変な矛盾である。

けれども、それを少しも矛盾とは感じていない。

実は、仏教の中では、いちばん排他的であるといわれる日蓮宗《にちれんしゅう》でさえ、八幡《はちまん》や天照皇大神《あまてらすすめおおかみ》を曼荼羅《まんだら》に描いている。八幡は神道である。日蓮が、仏教とはまったく関係がないはずの「八幡」という神道用語を用いているということは、彼が、日本人の持つ重層的な精神構造を見抜いていた証拠だろう。

こうした日本人の精神構造は、古代、中世、江戸時代、そして現代と、少しも変わっていないようである。

現在、日本の人口は約一億二千万人だが、宗教の人口を集計すると、約一億八千万人になる。これは、日本でしか起こり得ない現象かもしれない。

つまり、何かの宗教集団に属している人口だけで、人口の一・五倍の日本人がいるのである。

しかも、日本人の宗教調査を行なうと、半分以上は無宗教なのである。

この結果を総合してみると、何かの信仰を持っている人が、日本人の半分いるとして約六千万人。それが一億八千万人の集団宗教人口を支えているわけだから、一人が三つ以上の宗教を信じているということになる。

これは、たとえば一神教信仰であるキリスト教国などの場合は、絶対に考えられないことである。常識的には、宗教人口はその国の人口と同じか、やや、下回るというのが普通だろう。

けれども、日本人の特質である精神の重層構造性ということを考えると、少なくとも、外来宗教が入ってきて以来、こうした現象は常にあったろうと思う。そして高松塚古墳が少しも不思議でないように、このことは、日本人としてはむしろ当たりまえのことなのである。

自《みずか》ら無宗教と思っている人でも、どこかの檀家《だんか》であり、氏子である。法事を寺でやりながら、自分はそれを信仰しているとは思っていない。正月に初詣《はつもうで》をしながら、それを信仰とは思っていない。墓を預けてあれば檀家だし、その町に住んでいるから氏子だと思っている。いずれにしても、自分勝手な宗教である。「あの親父《おやじ》さんがすすめるから」という理由で、何かの教団に入ってみる。けれども、入ったら檀家をやめようとは考えない。それでやっぱり、神社へも初詣に行く。

さすがに排他的な宗教においては、こうした日本人の、いい加減といえばいい加減な信仰心を叱る。

しかし、本来の宗教という意味でいえば、むしろ、排他的なのが当たりまえかもしれない。厳格なキリスト教徒は、絶対に神社に参拝することはない。あるいは仏教徒でも、他の宗教や宗派を信仰するということはない。これが当たりまえなのである。

日本の宗教に共通する〝先祖供養《せんぞくよう》〟

日本人だけに限ってみれば、日本人の元来の宗教というのは、すべての調和のうえにあるから、生活に対して、それが阻害《そがい》要因になったり、弊害を起こしたりしないかぎりは、重層的宗教を信じて、心のやすらぎを求める。それでいいのである。

江戸時代には、お伊勢参《いせまい》りや巡礼《じゅんれい》をずいぶんやっている。農民にとって、巡礼やお伊勢参りは、いちばん大義名分の立つレクリエーションなのである。

「困ったときの神頼み」という言葉があるが、都合のいいときは、都合のいい神や仏を拝んで、心のやすらぎを求める。

日本人の宗教心というものは、確かに気楽で、生活の便宜に利用されたという面もあるが、私は、それも一つの人間というものの生き方だと思う。

一つの信仰だけを持って、あとは全部拒否する。その結果、武器を取って宗教戦争をやる人もいる。そんなにヒステリックにならないで、都合がよければ信じようじゃないかと考えるのも、それで気が安まるのであれば、それはそれで、宗教というものの本質から見て、正しいのではないかと思うのである。

そして、その結果が、人口の一・五倍近くの宗教人口として現われているのだと思う。

そういう意味で、日本人はいろいろな宗教を重層的に持つけれども、ただひとつ、祖先崇拝だけは、一切の宗教を超《こ》えたものとして、別である。

カトリック教徒は、「天にましますの神」を信じるけれども、祖先は別に拝まない。日本人のように「供養《くよう》だから」といって、宗教家を呼んで供養することはない。ましてや、位牌《いはい》のような、祖先の魂がやどるとするものに、食べ物を供えて、灯明《とうみょう》をつけ、お祀《まつ》りをするというようなことはやらない。カトリック教徒は、ただ故人の墓に敬意を表するために、参拝するだけである。

日本人の祖先崇拝は、一切の宗派や宗教を超えたものとして生きつづけている。そのうえに、いろいろな宗教を乗せているのである。

それでいて、精神のバランスがとれているのが、日本人である。

一つの宗教を信じて、精神のバランスをとって生きるのも一つの方法である。いろんな信仰を持っていて、通りすがりに地蔵菩薩《じぞうぼさつ》を拝むことでホッとしたり、八幡さまに手を合わせることで、心がやすらいだりするのであれば、それもまた大きな意味で、立派な宗教心だと、私は考えるのである。

それを低次元の精神生活だと考えるのは、人間の生き方の多様性というものに対する、一種の偏見であろうと思う。

柔軟な精神構造こそ大切なもの

重層的、あるいは建増し的な精神構造を持っているということは、人間関係もひじょうに重層化するということである。それは宗教というものを離れてもいえることで、日本人は多様な人間関係を持っても、それを少しも苦痛と感じることなく生きていける。むしろ、人間関係を重層化することで、一種の生活保証を強めていくという面もあると考えられる。

江戸時代でいうと、祭りを通じての人間関係。さらに同郷出身者という人間関係。五人組制度による人間関係。職場における人間関係。あるいは血縁による人間関係。こうしたさまざまの人間関係を、重層的に積み重ねることによって「捨てる神あれば拾う神あり」という言葉に象徴されるような、精神的な安定を得るということがある。

そのいずれかの人間関係が、一人の人間の、社会からの脱落を食いとめていくわけである。

日本人は、日本という風土がアジア・モンスーン地帯にあり、さらに火山帯に囲まれているために、常に自然災害に対する不安を持って生きなければならなかった。つまり、いつやってくるかわからない災害に対して、いつも心の準備をしておく必要があった。

したがって、日本人特有の精神の重層構造性というものは、こうした不安に対応して、必然的に育っていった〝生きるための知恵〟だったと思う。

いくら強固な防波堤を築いても、計測できない自然災害は避けることができない。少なくとも精神的な不安はぬぐい去ることができない。

そうした不安に対応するには、硬質で強固な精神構造を持つよりも、柔軟で重層的な精神構造を持つほうが、心の安定を得られる。それが、日本人が日本の風土というものから学んだ最大の知恵ではないかと思うのである。けっして精神生活の次元の低さから出た結果ではないと私は信じたい。

切りとり線

★読者のみなさまにお願い

この本をお読みになって、どんな感想をお持ちでしょうか。祥伝社のホームページから書評をお送りいただけたら、ありがたく存じます。今後の企画の参考にさせていただきます。また、次ページの原稿用紙を切り取り、左記まで郵送していただいても結構です。

お寄せいただいた書評は、ご了解のうえ新聞・雑誌などを通じて紹介させていただくこともあります。採用の場合は、特製図書カードを差しあげます。

なお、ご記入いただいたお名前、ご住所、ご連絡先等は、書評紹介の事前了解、謝礼のお届け以外の目的で利用することはありません。また、それらの情報を6カ月を越えて保管することもありません。

〒101-8701（お手紙は郵便番号だけで届きます）
祥伝社　新書編集部
電話03（3265）2310
祥伝社ブックレビュー　www.shodensha.co.jp/bookreview

★本書の購買動機（媒体名、あるいは○をつけてください）

＿＿＿＿新聞の広告を見て	＿＿＿＿誌の広告を見て	＿＿＿＿の書評を見て	＿＿＿＿のWebを見て	書店で見かけて	知人のすすめで

★100字書評……続・梅干と日本刀

名前

住所

年齢

職業

樋口清之　ひぐち・きよゆき

1909年、奈良県生まれ。国学院大学史学科を卒業。登呂遺跡発掘など草創期の日本考古学の発展に尽力し、わが国考古学界の第一人者として名を馳せた。また、社会や生活の文化史的側面から、一般に向けて書かれた著述も多く、その代表作が『梅干と日本刀』（祥伝社新書）である。1997年、逝去。

続《ぞく》・梅干《うめぼし》と日本刀《にほんとう》
——日本人《にほんじん》の活力《かつりょく》と企画力《きかくりょく》の秘密《ひみつ》

樋口清之《ひぐちきよゆき》

2014年10月10日　初版第1刷発行
2023年12月5日　第2刷発行

発行者……………………辻 浩明
発行所……………………祥伝社《しょうでんしゃ》
〒101-8701　東京都千代田区神田神保町3-3
電話　03(3265)2081(販売部)
電話　03(3265)2310(編集部)
電話　03(3265)3622(業務部)
ホームページ　www.shodensha.co.jp

装丁者……………………盛川和洋
印刷所……………………堀内印刷
製本所……………………ナショナル製本

Printed in Japan ISBN978-4-396-11387-2 C0239